ARBITRAGEM TRIBUTÁRIA

FUNDAMENTOS E PROCEDIMENTO

ABNER EBERLE DAL PIVA

Estevão Horvath
Prefácio

ARBITRAGEM TRIBUTÁRIA

FUNDAMENTOS E PROCEDIMENTO

Belo Horizonte

2023

© 2023 Editora Fórum Ltda.

É proibida a reprodução total ou parcial desta obra, por qualquer meio eletrônico, inclusive por processos xerográficos, sem autorização expressa do Editor.

Conselho Editorial

Adilson Abreu Dallari
Alécia Paolucci Nogueira Bicalho
Alexandre Coutinho Pagliarini
André Ramos Tavares
Carlos Ayres Britto
Carlos Mário da Silva Velloso
Cármen Lúcia Antunes Rocha
Cesar Augusto Guimarães Pereira
Clovis Beznos
Cristiana Fortini
Dinorá Adelaide Musetti Grotti
Diogo de Figueiredo Moreira Neto (*in memoriam*)
Egon Bockmann Moreira
Emerson Gabardo
Fabrício Motta
Fernando Rossi
Flávio Henrique Unes Pereira

Floriano de Azevedo Marques Neto
Gustavo Justino de Oliveira
Inês Virgínia Prado Soares
Jorge Ulisses Jacoby Fernandes
Juarez Freitas
Luciano Ferraz
Lúcio Delfino
Marcia Carla Pereira Ribeiro
Márcio Cammarosano
Marcos Ehrhardt Jr.
Maria Sylvia Zanella Di Pietro
Ney José de Freitas
Oswaldo Othon de Pontes Saraiva Filho
Paulo Modesto
Romeu Felipe Bacellar Filho
Sérgio Guerra
Walber de Moura Agra

FÓRUM
CONHECIMENTO JURÍDICO

Luís Cláudio Rodrigues Ferreira
Presidente e Editor

Coordenação editorial: Leonardo Eustáquio Siqueira Araújo
Aline Sobreira de Oliveira

Rua Paulo Ribeiro Bastos, 211 – Jardim Atlântico – CEP 31710-430
Belo Horizonte – Minas Gerais – Tel.: (31) 99412.0131
www.editoraforum.com.br – editoraforum@editoraforum.com.br

Técnica. Empenho. Zelo. Esses foram alguns dos cuidados aplicados na edição desta obra. No entanto, podem ocorrer erros de impressão, digitação ou mesmo restar alguma dúvida conceitual. Caso se constate algo assim, solicitamos a gentileza de nos comunicar através do *e-mail* editorial@editoraforum.com.br para que possamos esclarecer, no que couber. A sua contribuição é muito importante para mantermos a excelência editorial. A Editora Fórum agradece a sua contribuição.

Dados Internacionais de Catalogação na Publicação (CIP) de acordo com ISBD

D136a	Dal Piva, Abner Eberle
	Arbitragem tributária: fundamentos e procedimento / Abner Eberle Dal Piva. Belo Horizonte: Fórum, 2023.
	180p. 14,5x21,5cm
	ISBN 978-65-5518-580-5
	1. Direito tributário. 2. Direito constitucional. 3. Direito administrativo. 4. Arbitragem tributária. I. Título.
	CDD: 341.39
	CDU: 34:336(81)

Ficha catalográfica elaborada por Lissandra Ruas Lima – CRB/6 – 2851

Informação bibliográfica deste livro, conforme a NBR 6023:2018 da Associação Brasileira de Normas Técnicas (ABNT):

DAL PIVA, Abner Eberle. *Arbitragem tributária*: fundamentos e procedimento. Belo Horizonte: Fórum, 2023. 180p. ISBN 978-65-5518-580-5.

Aos meus pais, Altair e Eliane, que, mesmo em meio a tantas limitações, mostraram-me as letras e permitiram-me sonhá-las.

"O direito existe para se realizar. A realização do direito é a vida e a verdade do direito; ela é o próprio direito. O que não passa à realidade, o que não existe senão nas leis e sobre o papel, não é mais do que um fantasma de direito, não são senão palavras. Ao contrário, o que se realiza como direito é o direito [...]".

Rudolph von Ihering

SUMÁRIO

PREFÁCIO
Estevão Horvath 13

INTRODUÇÃO 15

CAPÍTULO 1
A CONTIGÊNCIA NO DIREITO TRIBUTÁRIO E OS MÉTODOS
ALTERNATIVOS DE RESOLUÇÃO DE CONFLITOS 17

1.1 O problema e suas possíveis causas 17
1.1.1 Sociedade de risco 19
1.1.2 Conceitos jurídicos indeterminados 22
1.1.3 Complexidade da tributação 23
1.2 A inefetividade na solução do problema 27
1.2.1 Administração tributária 28
1.2.2 Poder Judiciário 29
1.3 A necessidade de instrumentos de efetividade 30
1.3.1 A crise do Poder Judiciário 30
1.3.2 O princípio constitucional da efetividade 32
1.3.3 O surgimento dos métodos alternativos 34
1.3.4 Aspectos propedêuticos da arbitragem 35
1.3.5 Arbitrabilidade 38

CAPÍTULO 2
SISTEMA 43

2.1 Direito como sistema 43
2.1.1 Valores 45
2.1.2 Princípios 48
2.1.3 Princípios e regras 57
2.1.4 Princípios, regras e postulados 59
2.2 Subsistema Constitucional Tributário 61

CAPÍTULO 3

PRINCÍPIOS CONSTITUCIONAIS RELACIONADOS COM A
ARBITRAGEM TRIBUTÁRIA..63

3.1   Introito...63

3.2   Princípio da praticabilidade..64

3.3   Princípio da eficiência..78

3.4   Princípio da legalidade..88

3.5   Princípio da igualdade...99

3.6   Princípio da segurança jurídica...101

3.7   Princípio da supremacia e indisponibilidade do interesse público...107

3.7.1 Interesse público primário e interesse público secundário..............111

3.7.2 Críticas ao princípio da supremacia e da indisponibilidade do
       interesse público..113

3.7.3 O interesse público e a arbitragem nas lides tributárias...................118

CAPÍTULO 4

OBRIGAÇÃO TRIBUTÁRIA...123

4.1   Norma jurídica tributária...123

4.1.1 Estrutura normativa..123

4.1.2 Tipos de normas..125

4.2   Hipótese tributária..127

4.3   Consequente tributário...129

4.4   Crédito tributário...131

4.5   Lançamento tributário..133

4.6   Extinção da obrigação tributária...136

4.7   A disponibilidade condicionada do crédito tributário...............139

4.8   A submissão do crédito tributário à arbitragem importa dispô-lo?...141

4.9   A norma geral e abstrata de arbitragem como hipótese de veículo
       introdutor da extinção da obrigação tributária...........................142

4.10   A decisão arbitral como norma individual e concreta apta a
       introduzir a causa de extinção da obrigação tributária..............145

CAPÍTULO 5

NOTAS ACERCA DA CONSTRUÇÃO DE UM MODELO DE
ARBITRAGEM TRIBUTÁRIA..149

5.1   Prolegômenos...149

5.2   Arbitrabilidade objetiva e subjetiva..151

5.3   Órgão arbitral...151

5.4	Árbitros	154
5.5	Matérias arbitráveis	156
5.6	Procedimento arbitral	158
5.6.1	Convenção de arbitragem	158
5.6.2	Suspensão da exigibilidade do crédito tributário	160
5.6.3	Prazos e atos	161
5.7	Sentença arbitral	163

CONCLUSÃO 167

REFERÊNCIAS 173

PREFÁCIO

Foi com muita satisfação que recebi o convite do Dr. Abner Eberle Dal Piva para prefaciar o seu livro, que brevemente será trazido ao público, intitulado *Arbitragem tributária: fundamentos e procedimento*. Devo dizer que aceitei a incumbência com a tranquilidade de estar diante de um autor dedicado, que produziu um trabalho condizente com a sua seriedade.

O autor goza da prerrogativa de ter experiência tanto na advocacia pública (como procurador público) quanto na advocacia privada (como advogado e consultor tributário). Sua atuação profissional no âmbito das execuções fiscais, do contencioso tributário e dos procedimentos administrativos lhe possibilita discorrer academicamente sobre o tema sem perder os olhos da pragmática.

Demais disso, Abner é mestre em Direito Tributário pela prestigiosa PUC-SP.

O jovem autor foi meu aluno no curso de pós-graduação *stricto sensu* da Faculdade de Direito da Pontifícia Universidade Católica de São Paulo, tendo sempre demonstrando denodo e dedicação aos estudos.

No que concerne ao tema central do livro, prescinde de justificativa a sua relevância. Talvez mais que em outras épocas históricas, a resolução de conflitos, sob variadas formas, é buscada pelo Direito e tem especial destaque no Direito Tributário.

Partindo da verificação de que o Direito Tributário se insere na seara de conflitos que muita vez advêm de sua própria tentativa de solucionar problemas, conclui que as formas atualmente existentes para a solução das controvérsias tributárias se revelam inefetivas. Ressalta que a origem dessa situação conflituosa entre Fisco e contribuintes está, entre outras possíveis causas, na existência (mais propriamente na forma de interpretar) dos chamados conceitos jurídicos indeterminados, das presunções, ficções, substituições, atribuições liquidatórias dos contribuintes e, ainda, de toda dinâmica que envolve a tributação num país com proporções continentais e três esferas federativas.

Considerado esse contexto, o autor avalia que os meios alternativos de solução de conflitos se apresentam como medidas eficazes, ainda que não venham a pôr fim ao problema. Optou o jovem jurista, neste estudo, pela análise da arbitragem, refletindo acerca de seu cabimento em face do Sistema Constitucional Tributário, percorrendo os princípios constitucionais a ela relacionados e a possibilidade de disponibilização do crédito tributário diante da atividade vinculada exercida pelo fisco.

Para o autor, a Lei 9307/96, nos moldes como está instituída atualmente, não é suficiente para legitimar a utilização da arbitragem tributária, porquanto, para ele, o emprego da arbitragem no Direito Tributário deve partir de uma "disponibilidade relativa ou condicionada", isto é, por meio de certas formas e de acordo com determinadas circunstâncias previstas em lei.

Por fim, enumera algumas características para a construção de um eventual modelo de arbitragem a ser instituído no Brasil, mais consentâneo com as premissas desenvolvidas no decorrer do trabalho, que partem – como sempre deve ser no Direito – da Lei Maior, a meu ver com total acerto.

Diante do texto apresentado, creio poder me permitir ficar na expectativa de futuras e importantes contribuições que o autor certamente trará à Ciência do Direito Tributário.

Desejo boa leitura e bom proveito a todos os que tiverem a satisfação de ter contato com essa obra.

Estevão Horvath
Professor de Direito Financeiro da USP
e de Direito Tributário da PUC/SP.

INTRODUÇÃO

Já são calejadas as alvissareiras citações de Pontes de Miranda nos introitos acadêmicos, sobretudo daqueles que tiveram o privilégio de terem passado pelo escólio do professor Paulo de Barros Carvalho e pela escola do Construtivismo Lógico-Semântico, de que "o cindir é desde o início" ou, ainda, mais salomonicamente, de que "viver é recortar o mundo".

Tais meditações se dão em razão da necessidade exigida pela Ciência do Direito na demarcação do objeto da empreitada pretendida. O direito, em razão de sua amplitude objetal, requer uma aproximação científica definida, de modo a reduzir suas complexidades. Nesse sentido, é imperioso que sejam identificados os elementos estruturais, por meio das conexões ideais e de princípios que lhe conceda caráter sistemático.

Assim, identificado o problema acerca da contingência no direito tributário e a inefetividade dos instrumentos existentes, é preciso buscar novos meios que concretizem os valores presentes na Constituição Federal. Mas, além de buscar tais instrumentos, é preciso verificar se estão de acordo com os elementos ordenadores do sistema.

É, pois, com base em tais premissas que se pretende a abordagem do tema ora posto em estudo: *(i)* no capítulo um, é feita uma abordagem do problema, isto é, o volume de controvérsias no direito tributário, bem como o levantamento de possíveis causas e a tomada de uma proposta que ajude a amenizar a crise; *(ii)* no capítulo dois, é traçado um panorama do direito enquanto sistema e dos elementos que formam tal sistema; *(iii)* no capítulo três, tendo como premissa a ideia de sistema, são abordados os princípios ordenadores de tal sistema e que possuem alguma relação substancial com a arbitragem em matéria tributária; *(iv)* no capítulo quatro, voltamos nossa atenção à obrigação tributária, analisando a estrutura da norma jurídica tributária, isto é, o antecedente e o consequente normativo, bem como estabelecendo as distinções entre as normas gerais e abstratas, e concretas e individuais, bem como o modo como a decisão arbitral impacta a norma individual e concreta de lançamento tributário; *(v)* no capítulo cinco, são abordados os principais caracteres acerca da arbitragem e apontadas algumas possibilidades para a construção e um modelo possível.

CAPÍTULO 1

A CONTIGÊNCIA NO DIREITO TRIBUTÁRIO E OS MÉTODOS ALTERNATIVOS DE RESOLUÇÃO DE CONFLITOS

1.1 O problema e suas possíveis causas

Na atualidade, a maioria dos Estados são caracterizados como fiscais, posto que seus dispêndios são satisfeitos, em sua maioria, por meio da arrecadação tributária. Em oposição a esse modelo, há o Estado patrimonial, do qual decorrem dois outros modelos: *(i)* absolutistas, nos quais as receitas decorrem de seu próprio patrimônio e de atividades comerciais e industriais; e *(ii)* socialistas, nos quais há monopólio das atividades econômicas produtivas.

No Estado fiscal, em razão de as atividades econômicas particulares serem a maior fonte de custeio dos gastos públicos, torna-se imprescindível a existência de liberdade econômica, de modo que haja uma singular diferença entre Estado e economia, admitindo-se que eventuais atividades econômicas sejam exercidas pelo Estado somente de forma subsidiária.

Dentro deste cenário de liberdade econômica e de um Estado altamente arrecadador, é fundamental que os cidadãos, enquanto destinatários do poder estatal, participem da vontade política do Estado, dando-lhe fundamento democrático e ensejando uma cidadania fiscal.

É dessa ideia de cidadania fiscal que advém o já aclamado dever fundamental de pagar impostos, pois os indivíduos estão inseridos dentro de um contexto de direitos e deveres de determinada comunidade, devendo, ao mesmo tempo em que são destinatários de direitos, cumprir com suas obrigações. Logo, tendo o Estado diversas demandas com a finalidade de garantir sua própria subsistência e a de seus cidadãos e, portanto, demandando altos custos, é indispensável a contribuição de todos os membros com tais despesas.

Ligado ao dever fundamental de pagar impostos está a capacidade contributiva, posto que cada contribuinte deve contribuir na medida de sua capacidade econômica, pois esta é a medida que permite alcançar a igualdade tributária, haja vista que cada contribuinte será tributado na medida de sua igualdade.

A busca de uma tributação que respeite a capacidade contributiva é a perene tensão existente no Estado fiscal e a causa das maiores contendas envolvendo Fisco e contribuintes, haja vista que o primeiro, no intento de dar conta de suas demandas, acaba criando uma carga tributária excessivamente alta, diante da qual os contribuintes buscam meios de se livrar, seja evitando ou postergando o seu pagamento.

Esse quadro de instabilidade na relação entre os Fiscos e os contribuintes é patente ao se voltar os olhos para os números de processos no contencioso administrativo e judicial envolvendo valores tributários. O alto valor em discussão e, portanto, não recolhido, acaba gerando consequências danosas a todo o sistema constitucional, posto que inúmeras demandas exigidas pela Carta Magna deixam de ser atendidas no mesmo passo em que são criadas novas crises na busca de recursos para atender tais demandas.

Há uma crença entranhada nas pessoas de que o Poder Judiciário é o único capaz de oferecer soluções legítimas e confiáveis aos conflitos. Essa ideia de monopólio do Judiciário, aliada à crença de que justiça predica necessariamente de procedimentos longos e pautados na possibilidade de inúmeros recursos, acabou gerando um nível de litigiosidade irracional e, especificamente em relação ao direito tributário, totalmente ineficaz, conforme apontam os números do CNJ.[1]

Essa crise de eficiência na solução das lides tributárias ocasiona consequências danosas para todas as partes envolvidas nos litígios. De um lado, o Estado, perseguindo os créditos tributários e sem possibilidade de sua utilização no cumprimento de seus deveres e, de outro, os contribuintes, que veem seu direito a uma prestação jurisdicional efetiva totalmente violado, direito este previsto, inclusive, em tratados de direitos humanos dos quais o Brasil é signatário, como é o caso do

---

[1] CONSELHO NACIONAL DE JUSTIÇA. *Relatório Justiça em Números 2021*. Brasília, DF: CNJ, 2021.

artigo 8º, 1,[2] da Convenção Americana sobre Direito Humanos de 1969 (Pacto de São José da Costa Rica, ratificado pelo Brasil em 25.09.1992).

Entretanto, não se pode sair criando soluções açodadas no afã de dar eficiência ao sistema. É preciso perquirir caminhos que não encontrem óbices constitucionais. A relação entre eficiência e justiça é delicada, pois, além de eficiente, o sistema tributário deve ser pautado por seu grande princípio legitimador, que não é outro senão a capacidade contributiva, como já anotado alhures. Ocorre que a observância das condições pessoais de todos os contribuintes nas exações tributárias é uma utopia, posto que demandaria uma infinitude de normas para abranger diferentes e específicas situações.

Não à toa que Calsamiglia[3] apontou que os conceitos de justiça e eficiência seriam contraditórios, pois haveria uma relação inversa entre esses conceitos, já que quando o sistema for equitativo haverá prejuízos à eficiência e quando o sistema for eficiente haverá prejuízos à equidade.

No entanto, tal dilema não pode ser óbice à busca de um estado de ideal de coisas manifesto nos princípios constitucionais, que se destrinchará adiante. Aliás, o próprio Calsamiglia[4] aponta uma relação de conexão entre eficiência e justiça, posto que uma sociedade idealmente eficiente é uma sociedade justa.

Além desse panorama até aqui delineado, há outras possíveis causas que dão azo ao alto índice de litigiosidade envolvendo o direito tributário e que merecem comentários, ainda que breves, pois atinem diretamente às causas do problema levantado.

1.1.1 Sociedade de risco

A sociedade pós-moderna é marcada pela complexidade e contingência, sobretudo, em razão do avanço técnico-científico desenvolvido no Século XX e que continua evoluindo no atual. Esse processo evolutivo traz consigo a chamada "modernização reflexiva", que, segundo

---

[2] "Toda pessoa tem direito a ser ouvida, com as devidas garantias e dentro de um prazo razoável, por um juiz ou tribunal competente, independente e imparcial, estabelecido anteriormente por lei, na apuração de qualquer acusação penal formulada contra ela, ou para que se determinem seus direitos ou obrigações de natureza civil, trabalhista, fiscal ou de qualquer outra natureza".

[3] CALSAMIGLIA, Albert. Eficiencia y derecho, *Doxa*, [*s. l.*], n. 4, 1987. p. 271.

[4] CALSAMIGLIA, Albert. Eficiencia y derecho, *Doxa*, [*s. l.*], n. 4, 1987. p. 271.

Ulrich Beck,[5] é a "possibilidade de destruição de toda uma era: aquela da sociedade industrial", tendo como protagonista a modernização ocidental. Ainda segundo o filósofo alemão, em decorrência dessa modernização reflexiva, surge o conceito de "sociedade de risco", em que a ambivalência e a imprevisibilidade são a tônica, e a solução para um problema pode acabar ocasionando outro, de modo que a sociedade deve buscar se preparar da melhor forma possível para o enfrentamento de efeitos imprevisíveis.

Embora os riscos sejam inerentes à história humana sobre a Terra em decorrência das forças naturais e sociais, esses riscos são relacionados à existência individual dos seres humanos.[6] A designada sociedade de risco vai além disso, pois ela emerge para uma escala mundial de riscos sob o influxo da globalização, isto é, os riscos não são naturais, mas riscos relacionados ao "próprio desenvolvimento técnico da humanidade e da forma como os seres humanos exercem o papel de espécie predominante na Terra".[7]

A sociedade industrial administrava seus riscos sociais por meio da ação legislativa, que cria na legalidade como capaz de regulamentar toda a vida em sociedade. Contudo, o Século XX fez ruir tal crença com o surgimento dos riscos financeiros, demonstrando que estes não poderiam ser arcados individualmente, mas repartidos entre a coletividade, dando ensejo ao contrato de seguro.[8]

Entretanto, na sociedade de risco já nem o legislador consegue dar conta do controle sobre os riscos coletivos, nem a sua difusão pode ser arcada pela coletividade por meio do contrato de seguro. Sergio André Rocha discorre sobre esse panorama:

> Está-se aqui diante do risco nuclear, do risco de uma depredação irreversível do meio-ambiente, do risco de uma crise econômica de

---

[5] BECK, Ulrich. A reinvenção da política: rumo a uma teoria da modernização reflexiva. *In*: GIDDENS, Anthony; BECK, Ulrich; LASH, Scott. *Modernização reflexiva*: política, tradição e estética na ordem social moderna. Tradução: Magda Lopes. São Paulo: Unesp, 1997. p. 12.

[6] GIDDENS, Anthony. Risco, confiança e reflexividade. GIDDENS, Anthony; BECK, Ulrich; LASH, Scott. *Modernização reflexiva*: política, tradição e estética na ordem social moderna. Tradução: Magda Lopes. São Paulo: Unesp, 1997. p. 220: "Um cético poderia perguntar: não há nada de novo aqui? A vida humana não foi sempre marcada pela contingência? O futuro não foi sempre incerto e problemático? A resposta a cada uma dessas perguntas é 'sim'. Não é que atualmente nossas circunstâncias de vida tenham se tornado menos previsíveis do que costumavam ser; o que mudou foram as origens da imprevisibilidade. Muitas incertezas com que nos defrontamos hoje foram criadas pelo próprio desenvolvimento do conhecimento humano."

[7] ROCHA, Sérgio André. *Tributação internacional*. São Paulo: Quartier Latin, 2013, p. 19.

[8] ROCHA, Sérgio André. *Tributação internacional*. São Paulo: Quartier Latin, 2013, p. 20.

CAPÍTULO 1
A CONTIGÊNCIA NO DIREITO TRIBUTÁRIO E OS MÉTODOS ALTERNATIVOS DE RESOLUÇÃO DE CONFLITOS

proporções mundiais, como a que se iniciou em 2008, com potencial para levar a um empobrecimento global e à falência dos Estados, do risco das drogas e da AIDS, do risco do terrorismo, da bioética e, em países onde, como no Brasil, ainda não foram alcançados os padrões básicos de desenvolvimento social, do risco da exclusão social, provavelmente o maior risco enfrentado em âmbito nacional e que se encontra vinculado à proliferação das drogas e da violência e até mesmo à depredação do meio ambiente e à contaminação por doenças.[9]

A esse quadro acrescenta-se a trágica situação de pandemia, em decorrência do Coronavírus SARS-COV19, enfrentada por todo o mundo desde o início de 2020 e que só corrobora a ideia de sociedade de risco, em que a pretensa solução para um problema acaba desencadeando uma série de outros problemas.

Ricardo Lobo Torres[10] anota que são características da sociedade de riscos a ambivalência, a insegurança, a busca por novos princípios e por um novo modelo de implicações institucionais entre o Estado e a sociedade. A ambivalência decorre da impossibilidade de consenso pelos cidadãos na execução de políticas públicas, pois há uma distribuição tanto de benefícios, quanto de malefícios. Por sua vez, a insegurança não pode ser eliminada na sociedade hodierna, mas aliviada por meio de mecanismos que operem na segurança social, econômica e ambiental. Desse panorama de insegurança decorre a necessidade de imposição de novos princípios, como a transparência, a responsabilidade, o custo-benefício, bem como a solidariedade social e de grupo como fundamentos do financiamento da segurança social. Por fim, a sociedade de risco é marcada ainda pelo papel ativo requerido do Ministério Público e do Poder Judiciário na defesa dos direitos difusos, em cooperação com a sociedade, ao contrário do que ocorria na sociedade industrial.

O Professor Ricardo Lobo Torres capta com excelência o influxo sofrido pelo direito na era da sociedade de riscos ao arrematar que

> A sociedade de riscos, com a pluralidade de interesses em jogo, é necessariamente uma sociedade litigiosa. Surge um novo esquema de separação de poderes, no qual se destacam a flexibilização da legalidade tributária, a tipificação administrativa e a judicialização da política.[11]

---

9   ROCHA, Sérgio André. *Tributação internacional.* São Paulo: Quartier Latin, 2013, p. 20.

10 TORRES, Ricardo Lobo. *Tratado de direito constitucional financeiro e tributário:* valores e princípios constitucionais tributários. 2. ed. Rio de Janeiro: Renovar, 2014. p. 174-176.

11 TORRES, Ricardo Lobo. *Tratado de direito constitucional financeiro e tributário:* valores e princípios constitucionais tributários. 2. ed. Rio de Janeiro: Renovar, 2014. p. 176-177.

Aliado a esse quadro permanente de riscos e tensões, a legislação impõe aos contribuintes grande parte das tarefas de liquidação tributária, de modo que a estes compete inteiramente a responsabilidade de interpretar e aplicar a legislação fiscal.

Despiciendo pisar que um estado de coisas como esse só faz aumentar a contingência no direito tributário, demandando um novo repertório de instrumentos pelos juristas, entre os quais se apresentam os meios alternativos de solução de conflitos, especificamente neste estudo a arbitragem, a fim de permear a construção de um novo modelo nas relações entre o Fisco e os contribuintes.

1.1.2 Conceitos jurídicos indeterminados

Questão tormentosa, mas intrinsecamente ligada ao objeto do presente estudo são os conceitos jurídicos indeterminados. É que o Direito, ao pretender regular as incontáveis relações conflituosas que surgem na sociedade, se utiliza de termos que, pela própria natureza da linguagem, são incapazes de conferir certeza e definitividade absolutas, como ocorre, por exemplo, nas ciências exatas.

Engisch[12] entende por conceito jurídico indeterminado "um conceito cujo conteúdo e extensão são em larga medida incertos", afirmando, ainda, que conceitos jurídicos determinados são raros no Direito, de modo que os indeterminados são os prevalentes. Aludindo ao pensamento de Philipp Heck, o autor aponta que nos conceitos jurídicos indeterminados existe um núcleo conceitual e um halo conceitual, sendo que o primeiro se refere à noção clara e definida do conteúdo, enquanto o segundo é a zona onde começam as dúvidas em torno do conceito. Entre os exemplos descritos por Engisch, transcrevem-se os seguintes: "Que numa noite sem luar, pelas vinte e quatro horas, nos espaços não iluminados, domina a escuridão na nossa latitude, é uma coisa clara; dúvidas fazem surgir as horas do crepúsculo"; e ainda "é fora de dúvida que os imóveis, os móveis, os produtos alimentares, são coisas; mas outro tanto se não poderá dizer, por exemplo, relativamente à energia elétrica ou a um penacho de fumo (formando as letras de um reclame) no céu".

---

[12] ENGISCH, Karl. *Introdução ao pensamento jurídico*. Tradução: J. Baptista Machado. 8. ed. Lisboa: Fundação Calouste Gulbenkian, 2001. p. 208-209.

CAPÍTULO 1
A CONTIGÊNCIA NO DIREITO TRIBUTÁRIO E OS MÉTODOS ALTERNATIVOS DE RESOLUÇÃO DE CONFLITOS | 23

Ricardo Lobo Torres[13] anota que é inevitável ao direito tributário a permanente tensão entre os conceitos jurídicos determinados e indeterminados, posto que estes vão desde a matriz constitucional dos tributos até as tentativas de fechamento conceitual no âmbito de criação dos impostos. Nesse sentido, basta a leitura dos conceitos de renda, circulação de mercadorias, grandes fortunas, etc, previstos na Constituição e os conceitos de rendimento, disponibilidade econômica e jurídica, renda derivada do mercado etc., previstos na legislação do imposto de renda.

Esse quadro de vaguidão dos conceitos normativos, aliado à inflação legislativa – que nada mais é do que a tentativa do Poder Legislativo produzir normas ao ritmo das mudanças sociais[14] – só acaba cooperando para o aumento de conflitos tributários. De um lado, por meio da delegação de competências liquidatórias, que poderão interpretar os conceitos indeterminados previstos nos enunciados prescritivos de determinada maneira, depreendendo determinada norma, enquanto, de outro lado, o Fisco, ao realizar a interpretação dos mesmos enunciados, pode depreender outra norma,[15] ensejando controvérsias e cooperando para a contingência no direito tributário.

1.1.3 Complexidade da tributação

Envolto em todas as justificativas que desencadeiam a contingência no direito tributário, está o complexo modelo de tributação traçado pela Constituição Federal, atribuindo rigidamente as competências tributárias

---

[13] TORRES, Ricardo Lobo. *Tratado de direito constitucional financeiro e tributário*: valores e princípios constitucionais tributários. 2. ed. Rio de Janeiro: Renovar, 2014. p. 497.

[14] ROCHA, Sergio André. *Estudos de direito tributário*: teoria geral, processo tributário, fim do RTT e tributação internacional. Rio de Janeiro: Lumen Juris, 2015. p. 195.

[15] GRAU, Eros Roberto. *Ensaio e discurso sobre a interpretação/aplicação do direito*. 4. ed. São Paulo: Malheiros, 2006. p. 30-31. "O direito é alográfico. É alográfico é porque o texto normativo não se completa no sentido nele impresso pelo legislador. A 'completude' do texto somente é atingida quando o sentido por ele expressado é produzido, como nova forma de expressão, pelo intérprete. Mas o 'sentido expressado pelo texto' já é algo novo, distinto do texto. É a norma. Repetindo: as normas resultam da interpretação, que se pode descrever como um processo intelectivo através do qual, partindo de fórmulas linguísticas contidas no texto, enunciados, preceitos, disposições, alcançamos a determinação de um conteúdo normativo. O intérprete desvencilha a norma do seu invólucro (o texto); neste sentido, ele 'produz a norma'. Abrangendo texto e fatos, como vimos, a interpretação do direito opera a mediação entre o caráter geral do texto normativo e sua aplicação particular: isto é, opera a sua inserção na vida."

de cada ente federativo, prevendo materialidades passíveis de exação e prevendo limitações e princípios que devem ser rigidamente observados e materializados. Além disso, o tecnicismo inerente aos tributos acaba fazendo com o que Poder Legislativo edite normas demasiadamente genéricas e delegue ao Executivo a elaboração de normas por ele também executadas.

Esse estado de coisas demanda dificuldades tanto dos contribuintes quanto do Fisco, aquele na permanente busca de cumprimento de inúmeros deveres fiscais e este na fiscalização de milhares de contribuintes buscando diminuir o máximo possível suas cargas tributárias. A fim de contornar a complexidade, são criados mecanismos de praticabilidade, como delegação de atribuições liquidatórias aos contribuintes, substituição tributária, utilização de presunções e ficções. Tais modelos, criados com o fito de solucionar uma crise, acabam gerando outras crises – sendo uma característica da sociedade de riscos, como já anotado anteriormente, pois a solução para um problema sempre acaba gerando outros problemas – e, via de consequência, contribuindo para a contingência tributária.

A delegação de competências liquidatórias aos contribuintes, conforme anotado no item anterior, possibilita a criação de duas normas distintas, uma para o contribuinte e outra para o Fisco, que, inevitavelmente, acabará sendo objeto de contenda administrativa e judicial. Tal fenômeno foi captado de forma magistral pelo escólio do professor Paulo de Barros Carvalho:

> Quando se fala em expedição de norma jurídica individual e concreta vem, desde logo, à nossa mente, o desempenho de um órgão da Administração ou do Poder Judiciário. E, se passarmos apressadamente, sem refletir, essa ideia equivocada irá provocar um bloqueio, consolidando o preconceito de que o administrado, na esfera de suas múltiplas possibilidades de participação social, reguladas pelo direito, esteja impedido de produzir certas normas individuais e concretas. Mas não é assim no direito brasileiro. Basta soabrirmos os textos do ordenamento positivo, no que concerne aos tributos, para verificarmos esta realidade empírica indiscutível: o subsistema prescritivo das regras tributárias prevê a aplicação por intermédio do Poder Público, em algumas hipóteses, e, em outras, outorga esse exercício ao sujeito passivo, de que se espera, também, o cumprimento da prestação pecuniária. Diga-se de passagem, aliás, que tem havido um crescimento significativo na participação dos súditos do Estado, instados a praticar uma série de expedientes para a produção de normas individuais e concretas nesse campo. A transferência de atividades relativas à apuração do débito tributário

para a esfera dos deveres instrumentais ou formais do sujeito passivo, mediante severo controle da entidade tributante, tornou-se uma viva realidade dos nossos dias. A maior parte dos tributos, hoje, assim no Brasil que em outros países que seguem o modelo do direito continental europeu, estão cometidos ao sujeito passivo da obrigação tributária, cabendo-lhes estabelecer em fatos os eventos tributados, e relatar os dados componentes da relação jurídica.[16]

Cuida-se, pois, dos chamados tributos com lançamento por homologação, em que as atividades previstas no artigo 142[17] do CTN, de apuração e arrecadação tributária foram atribuídas aos contribuintes, o que é justificável, diante de um quadro extremamente massificado de atos, mas que não impede os conflitos daí advindos.

Luciano Gomes Filippo,[18] após fazer referência ao pensamento de Ferreiro Lapatza, descreve o sistema tributário como "excessivamente minucioso, prolixo, casuístico e obscuro, abrangendo inúmeros regimes ou normas especiais, o que força os contribuintes e seus assessores a buscarem a aplicação da lei mais favorável, promovendo o surgimento de lacunas, contradições e interpretações díspares".

Não se pode olvidar, ainda, que os próprios instrumentos utilizados para conferir praticabilidade ao sistema tributário acabam desencadeando, também, inúmeros conflitos e dando azo a outros problemas, característica essa nitidamente atrelada à sociedade de risco, já que a busca pela solução de um problema (a tributação em massa) acaba trazendo outros problemas (no âmbito da substituição tributária e das presunções e ficções).

A substituição tributária é técnica de praticabilidade em que se exclui o substituído da relação tributária em impostos incidentes sobre uma ou mais operações, podendo ser regressiva, quando a responsabilidade recai sobre terceiro e o fato gerador já tenha ocorrido, ou progressiva, quando a responsabilidade recai sobre terceiro em

---

[16] CARVALHO, Paulo de Barros. *Direito tributário:* fundamentos jurídicos da incidência. 9. ed. rev. São Paulo: Saraiva, 2012. p. 228-229.

[17] Art. 142. Compete privativamente à autoridade administrativa constituir o crédito tributário pelo lançamento, assim entendido o procedimento administrativo tendente a verificar a ocorrência do fato gerador da obrigação correspondente, determinar a matéria tributável, calcular o montante do tributo devido, identificar o sujeito passivo e, sendo caso, propor a aplicação da penalidade cabível. Parágrafo único. A atividade administrativa de lançamento é vinculada e obrigatória, sob pena de responsabilidade funcional.

[18] FILIPPO, Luciano Gomes. *A performance no direito tributário.* São Paulo: Almedina, 2016. p. 331.

relação a fatos geradores futuros ou presumidos.[19] A finalidade dessa técnica é concentrar a arrecadação nos momentos mais organizados da cadeia produtiva, de modo a evitar a evasão tributária. A substituição tributária progressiva está prevista no artigo 155, § 2º, XII, *b*, da CF, cabendo à lei complementar regulamentá-la no âmbito do ICMS.

Embora a substituição tributária ofereça condições mais justas à concorrência, impedindo a sonegação fiscal, e traga maior simplificação administrativa, ela esbarra em outros princípios constitucionais, como a capacidade contributiva, à não cumulatividade, à legalidade, à tipicidade, ao mínimo existencial, à segurança jurídica, à igualdade e à vedação ao tributo com efeito de confisco, de modo que, diante de tais atritos, decorrem inúmeros questionamentos administrativos e judiciais.

As presunções são suposições acerca de um fato desconhecido em decorrência e probabilidade de um outro fato conhecido. No direito, elas permitem que se tome por verdade fatos que seriam apenas possíveis, denotando importante instrumento de dialética jurídica. As presunções são costumeiramente divididas pela doutrina em simples, que derivam do senso comum, e legais, que decorrem da lei e, portanto, absolutas.[20]

De acordo com o professor Roque Carrazza,[21] a tributação não pode ter como fundamento unicamente as presunções, ainda que simples, posto que a Constituição impõe uma tributação justa e adequada, de modo que as presunções devem ser sopesadas diante de provas em contrário.

As ficções, por sua vez, aceitam como real aquilo que é imaginário, diferindo das presunções, que afirmam aquilo que é provável. Roque Carrazza[22] admoesta que no direito tributário as ficções só poderão ser aplicadas se não afrontarem princípios constitucionais. Maria Rita Ferragut[23] aduz que o Direito pode criar suas próprias verdades a fim de tutelar a boa-fé de terceiros e preservar a certeza das relações jurídicas, de modo que é a Constituição que deve impor os limites ao imputar a prática de um fato a determinado sujeito, diante do contraditório e da ampla defesa.

---

[19] CALIENDO, Paulo. *Curso de direito tributário*. 2. ed. São Paulo: Saraiva, 2019. p. 1568.

[20] CARRAZZA, Roque Antonio. *Curso de direito constitucional tributário*. 32. ed. rev., ampl. e atual. São Paulo: Malheiros, 2019. p. 391-392.

[21] CARRAZZA, Roque Antonio. *Curso de direito constitucional tributário*. 32. ed. rev., ampl. e atual. São Paulo: Malheiros, 2019. p. 394.

[22] CARRAZZA, Roque Antonio. *Curso de direito constitucional tributário*. 32. ed. rev., ampl. e atual. São Paulo: Malheiros, 2019. p. 396.

[23] FERRAGUT, Maria Rita. *Presunções no direito tributário*. 2. ed. São Paulo: Quartier Latin, 2005. p. 157-158.

Essas notas atinentes às presunções e ficções, frequentemente utilizadas em matéria tributária, já demonstram a possibilidade de imbróglios práticos que podem trazer, transparecendo o quadro complexo da tributação e que enseja as diversas formas de indisposições antiexacionais.

1.2 A inefetividade na solução do problema

Consoante já anotado alhures, o Estado Fiscal tem como fonte de custeio de suas despesas a arrecadação tributária, donde se infere que os tributos têm por finalidade cumprir tal desiderato, isto é, satisfazer as necessidades públicas, de modo a concretizar os fins insculpidos na Constituição Federal.

Logo, não basta que sejam criados tributos, pois isso, por si só, não cumpre os desígnios constitucionais, sendo imprescindível, também, o recolhimento dos tributos aos cofres públicos. O ordenamento fiscal deve ser levado a cabo em todas as suas fases, e isso compreende a aplicação da norma tributária, por meio da fiscalização, e a cobrança executiva, pois tais momentos do crédito tributário fazem parte do sistema tributário nacional e, portanto, devem ser regidos pelos princípios ordenadores desse sistema.

Não obstante analisarmos o princípio da igualdade em capítulo específico, importa mencionar a advertência de Gustavo Caldas Guimarães de Campos ao tratar da inefetividade da recuperação do crédito tributário por meio da execução fiscal:

> A ineficiência da recuperação do crédito público viola direitos dos contribuintes que honram suas obrigações fiscais e desequilibra a distribuição da carga tributária entre os cidadãos. A ausência de efetividade na cobrança constitui conduta contrária ao ordenamento constitucional, pois infringe os princípios da igualdade e da capacidade contributiva, lesando não apenas ao Estado, mas a todos os cidadãos que cumpriram suas obrigações fiscais.[24]

Assim, a inefetividade do ordenamento fiscal em todas as suas fases e, mais especificamente ainda, na fase de entrada do crédito

---

[24] CAMPOS, Gustavo Caldas Guimarães de. *Execução fiscal e efetividade*: análise do modelo brasileiro à luz do sistema português. São Paulo: Quartier Latin, 2009. p. 38-39.

tributário nos cofres públicos, acaba violando tanto o Estado Democrático e Social de Direito, já que, por via de consequência, o Estado acabará descumprindo suas obrigações constitucionais e legais, como o princípio da igualdade e da capacidade contributiva entre os contribuintes, pois, enquanto alguns se submetem às exações e contribuem para os gastos públicos, outros se esquivam e acabam não sendo justamente alcançados.

Embora essa última fase da relação jurídico-tributária não tenha sido objeto de tamanho interesse dos estudiosos do direito tributário quanto as demais fases,[25] é imprescindível que se voltem os olhos com a atenção devida, pois de nada adianta a afirmação de um direito sem a sua efetivação prática.

1.2.1 Administração tributária

Uma das hipóteses de extinção da obrigação tributária é a decisão administrativa irreformável, de modo que esta via é umas formas utilizadas pelos contribuintes para se insurgirem contra as pretensões fiscais. Aliado a isso, a morosidade e a falta de estrutura técnica e jurídica fazem com que o volume de processos administrativos fiscais que se arrastam pelas administrações fiscais no Brasil passe ao largo dos princípios consagrados pela Constituição Federal.

A corroborar o que acabamos de dizer, em 27 de abril de 2022 foi entregue o Diagnóstico do Contencioso Tributário Administrativo,[26] realizado pela Associação Brasileira de Jurimetria, numa parceria entre a Receita Federal do Brasil e do Banco Interamericano de Desenvolvimento. Referido Diagnóstico aponta como principais problemas do Contencioso Administrativo Fiscal a morosidade, a falta de acessibilidade, de transparência, de diálogo com o contribuinte e de uniformidade na legislação e procedimentos.

Foram analisados mais de 400 mil processos em tramitação perante as administrações federal, estaduais e municipais, tendo havido, também, pesquisa entre 150 participantes, os quais eram compostos por acadêmicos, contribuintes e fiscos, de 17 unidades da federação.

---

[25] CAMPOS, Gustavo Caldas Guimarães de. *Execução fiscal e efetividade*: análise do modelo brasileiro à luz do sistema português. São Paulo: Quartier Latin, 2009. p. 39.

[26] ASSOCIAÇÃO BRASILEIRA DE JURIMETRIA. Diagnóstico do contencioso tributário administrativo 2022. *Portal Gov.br*, Brasília, DF, 27 abr. 2022.

Entre os resultados apresentados, constatou-se que, após chegarem às instâncias superiores, os processos levam mais de 55% do tempo de tramitação que já levaram nas demais instâncias do Poder Judiciário para serem concluídos. Ainda, revelou-se que nos recursos de ofício (obrigatoriedade de revisão da decisão de primeira instância no caso de valores acima de R$ 2,5 milhões), em 90% dos casos a decisão revista é mantida. Em relação ao número de julgadores, verificou-se que há uma desigualdade, pois, enquanto São Paulo tem 2,92 julgadores por milhão de habitantes, Belo Horizonte tem 14,28 julgadores pelo mesmo tanto de habitantes. A desigualdade também está presente na legislação fiscal, contribuindo para a insegurança jurídica e, via de consequência, aumentando os conflitos de competências e a guerra fiscal.[27]

Além dos dados trazidos pelo referido Diagnóstico, noticia-se que em 2022 o estoque de processos no âmbito do Conselho Administrativo de Recursos Fiscais alcançou o montante dos trilhões em reais, perfazendo o maior valor da série histórica iniciada em 2011. Tal elevação do montante teria ocorrido em razão do teto (R$ 36 milhões) para os julgamentos virtuais em decorrência da pandemia da COVID-19, de modo que os processos bilionários teriam ficado represados.[28]

É patente, portanto, que a situação do contencioso administrativo fiscal padece de eficiência na solução dos conflitos que lhe são submetidos. Tal quadro só faz aumentar a necessidade de busca por novos mecanismos de solucionar os problemas e trazer maior efetividade aos comandos constitucionais no que toca a uma tributação justa e equânime.

1.2.2 Poder Judiciário

A inefetividade na cobrança dos créditos tributários por meio dos executivos fiscais pode ser facilmente constatada a partir dos relatórios elaborados anualmente pelo Conselho Nacional de Justiça, sendo que no presente estudo foi utilizado o Relatório Justiça em Números 2021.[29] Na referida publicação é apontado que, historicamente, as execuções fiscais são tidas como a principal razão da morosidade

---

[27] BRANCO, Mariana. Morosidade e desigualdade marcam contencioso administrativo fiscal. *Revista Jota*, Brasília, DF, 04 maio 2022.

[28] MENGARDO, Barbara. Estoque do Carf chega a R$ 1 trilhão em janeiro. *Revista Jota*, Brasília, DF, 17 mar. 2022.

[29] CONSELHO NACIONAL DE JUSTIÇA. *Relatório Justiça em Números 2021*. Brasília, DF: CNJ, 2021. p. 176.

do Poder Judiciário, sendo que, no ano de 2020, as execuções fiscais representaram 68% do estoque em execução, sendo responsáveis pelo alto grau de congestionamento do Poder Judiciário, pois representam 36% do total de casos pendentes, ou seja, mais de um terço, e um congestionamento[30] de 87%.

Segundo consta no citado relatório, o motivo da ineficiência dos executivos fiscais se dá em razão de que tais cobranças chegariam ao Poder Judiciário após esgotadas as tentativas de recuperação no âmbito administrativo, de modo que no âmbito judicial haveria apenas uma repetição de medidas que já teriam sido adotadas anteriormente e, portanto, com baixas possibilidades de êxito.[31]

Conforme aponta o relatório, o tempo médio de tramitação do processo de execução fiscal baixado no Poder Judiciário é de 8 anos e 1 mês,[32] sendo que o tempo de giro do acervo de tais processos é de 6 anos e 10 meses, indicando que, ainda que não houvesse mais o ajuizamento de executivos fiscais, seria necessário tal prazo, de 6 anos e 10 meses, para dar cabo do acervo.[33]

1.3 A necessidade de instrumentos de efetividade

1.3.1 A crise do Poder Judiciário

Conforme já abordado anteriormente, no que importa ao direito tributário, podem ser apontadas como possíveis causas para sua contingência as consequências advindas da chamada sociedade de risco, a complexidade que envolve tal ramo do direito, por meio dos inúmeros tributos e das especificidades de cada um deles, bem como as substituições tributárias, as ficções e presunções, o autolançamento, além dos conceitos jurídicos indeterminados. Inobstante esse quadro,

---

[30] CONSELHO NACIONAL DE JUSTIÇA. *Relatório Justiça em Números 2021*. Brasília, DF: CNJ, 2021. p. 101: "Taxa de congestionamento: indicador que mede o percentual de casos que permaneceram pendentes de solução ao final do ano-base, em relação ao que tramitou (soma dos pendentes e dos baixados). Também chamado de *congestion rate*. Cumpre informar que, de todo o acervo, nem todos os processos podem ser baixados no mesmo ano, devido a existência de prazos legais a serem cumpridos, especialmente nos casos em que o processo ingressou no final do ano-base".

[31] CONSELHO NACIONAL DE JUSTIÇA. *Relatório Justiça em Números 2021*. Brasília, DF: CNJ, 2021. p. 175.

[32] CONSELHO NACIONAL DE JUSTIÇA. *Relatório Justiça em Números 2021*. Brasília, DF: CNJ, 2021. p. 181.

[33] CONSELHO NACIONAL DE JUSTIÇA. *Relatório Justiça em Números 2021*. Brasília, DF: CNJ, 2021. p. 176.

é patente uma crise no Poder Judiciário que vai além das questões envolvendo o direito tributário, pois se apresenta um panorama de pouca ou baixa eficiência para os problemas que lhe são apresentados.

Embora largamente criticado, nunca se viveu um tempo que o Poder Judiciário foi tão intensamente demandado. Constata-se, não só por meio dos relatórios do CNJ, mas diariamente por meio da imprensa o crescimento da litigiosidade em todas as esferas da sociedade. Todas as dimensões possíveis da vida humana são postas a cargo das decisões judiciais.

Se, de um lado, tal fluxo vertiginoso revela o aspecto democrático advindo da Constituição de 1988 e, portanto, louvável, já que demonstra a conscientização da população na afirmação de seus direitos e garantias, por outro lado, revela os já mencionados efeitos de uma sociedade de risco e a sedimentação de uma cultura de beligerância, ao invés da pacificação.

Ainda que esses fatores sejam nucleares em relação aos problemas que atingem o Poder Judiciário, não se pode atribuir-lhes a exclusividade. É que o sistema de justiça brasileiro possui outros problemas, como a morosidade, a parcialidade e a imprevisibilidade, implicando em violação direta à segurança jurídica e consequências econômicas e sociais catastróficas.

Entre as causas que cooperam para o agravamento do sistema judiciário brasileiro é possível apontar o número insuficiente de magistrados e servidores, os meandros que permitem o protelamento das decisões judiciais, por meio de recursos e instrumentos suspensivos, e muitas vezes a própria inabilidade técnica de advogados e membros do Judiciário na condução processual de questões mais complexas.

Esse quadro crítico vivenciado pelo Poder Judiciário traz à tona a questão da efetividade do sistema constitucional, pois de nada adianta uma carta de direitos e garantias se, na prática, elas nada valem. Processos judiciais estocados e sem solução implicam violação a direitos fundamentais de todas as espécies. No que toca ao direito tributário, pode significar tanto a falta de recolhimento de tributos que, via de consequência, impede o Estado de cumprir com suas demandas, quanto no recolhimento indevido de tributos, violando, entre outros princípios, a capacidade contributiva e dando azo a instabilidades econômicas e sociais.

1.3.2 O princípio constitucional da efetividade

Diante do panorama caótico delineado no item anterior, cabe ao Estado adotar medidas de superação das crises, posto que o sistema constitucional não se compadece nem arrefece seus comandos diante delas, mas, ao revés disso, enquanto "sistema de princípios, tem como finalidade também a preservação e continuidade do Estado e a capacidade de adaptação para superar as eventuais 'crises' que possam surgir, inclusive aquelas mais complexas, ainda que seja pelo 'poder de revolução'".[34]

O professor Paulo de Barros Carvalho, ao tratar da existência, da validade e da eficácia das normas jurídicas, aduz que a eficácia pode ser estudada sob três aspectos, quais sejam, eficácia jurídica, eficácia técnica e eficácia social. Eficácia jurídica é o processo mental lógico da incidência, em que, ocorrendo o fato previsto no antecedente normativo, dá-se os efeitos previstos no consequente. Já a eficácia técnica atine à "condição que a regra de direito ostenta, no sentido de descrever acontecimentos que, uma vez ocorridos no plano do real-social, tenham o condão de irradiar efeitos jurídicos, já removidos os obstáculos de ordem material que impediam tal propagação".[35] Por fim, a eficácia social, também chamada pelo professor Paulo de Barros Carvalho de efetividade, está ligada "aos padrões de acatamento com que a comunidade responde aos mandamentos de uma ordem jurídica historicamente dada".[36]

De acordo com o referido professor, a efetividade de uma norma aponta que o seu conteúdo foi seguido pelos destinatários, enquanto inefetiva será a norma cujo conteúdo não foi concretamente cumprido pelos destinatários, de modo que sempre que uma conduta prevista numa norma for reiteradamente descumprida, restarão frustradas as expectativas e a norma será desprovida de eficácia social.

Com base em tais lições, podemos inferir que as já mencionadas causas geradoras de contingências tributárias, aliadas a problemas crônicos do Poder Judiciário e das Administrações Fazendárias na resolução dos conflitos, produz um quadro reiterado de inefetividade

---

[34] TORRES, Heleno Taveira. *Direito constitucional tributário e segurança jurídica*: metódica da segurança jurídica do sistema constitucional tributário. 3. ed. rev., atual. e ampl. São Paulo: Thomson Reuters Brasil, 2019. p. 195.

[35] CARVALHO, Paulo de Barros. *Curso de direito tributário*. 30. ed. São Paulo: Saraiva, 2019. p. 113.

[36] CARVALHO, Paulo de Barros. *Curso de direito tributário*. 30. ed. São Paulo: Saraiva, 2019. p. 113.

das normas constitucionais que demandam um estado ideal de coisas consubstanciadas nos princípios da praticabilidade, eficiência, capacidade contributiva, igualdade e segurança jurídica.

Com isso queremos dizer que se os métodos tradicionais de resolução dos litígios não são suficientes para solucioná-los e, em razão disso, as normas constitucionais são reiteradamente violadas, há que se buscar outros métodos para solucionar os problemas a fim de conferir efetividade aos mandamentos constitucionais.

Luís Roberto Barroso,[37] ao discorrer sobre efetividade das normas constitucionais, propõe um quarto plano de análise dos atos jurídicos gerais e individuais, ao lado da existência (ou vigência), da validade e da eficácia, que é o plano da efetividade ou eficácia social da norma. Para o ilustre professor da UERJ, a efetividade "significa a realização do Direito, o desempenho concreto de sua função social. Ela representa a materialização, no mundo dos fatos, dos preceitos legais e simboliza a aproximação, tão íntima quanto possível, entre o dever-ser e o ser da realidade social". A seguir, o referido doutrinador aponta quatro pressupostos indispensáveis sob os quais a efetividade da Constituição deve assentar-se:

> É preciso que haja, da parte do constituinte, senso de realidade, para que não pretenda normatizar o inalcançável, o que seja materialmente impossível em dado momento e lugar. Ademais, deverá ele atuar com boa técnica legislativa, para que seja possível vislumbrar adequadamente as posições em que se investem os indivíduos, assim como os bens jurídicos protegidos e as condutas exigíveis. Em terceiro lugar, impõe-se ao Poder Público vontade política, a concreta determinação de tornar realidade os comandos constitucionais. E, por fim, é indispensável o consciente exercício de cidadania, mediante a exigência, por via de articulação política e de medidas judiciais, da realização dos valores objetivos e dos direitos subjetivos constitucionais.[38]

Heleno Taveira Torres,[39] em monumental estudo sobre a segurança jurídica, atrela a efetividade como modalidade típica da segurança jurídica e, fazendo referência a Kelsen, aduz que "a concretização é parte

---

[37] BARROSO, Luís Roberto. *Curso de direito constitucional contemporâneo*: os conceitos fundamentais e a construção do novo modelo. 9. ed. São Paulo: Saraiva, 2020. p. 283.

[38] BARROSO, Luís Roberto. *Curso de direito constitucional contemporâneo*: os conceitos fundamentais e a construção do novo modelo. 9. ed. São Paulo: Saraiva, 2020. p. 284.

[39] TORRES, Heleno Taveira. *Direito constitucional tributário e segurança jurídica*: metódica da segurança jurídica do sistema constitucional tributário. 3. ed. rev., atual. e ampl. São Paulo: Thomson Reuters Brasil, 2019. p. 590.

do programa de efetividade do ordenamento". Nesse sentido, o princípio da efetividade do ordenamento busca a integridade constitutiva do ordenamento jurídico, ou seja, não está atrelado à aplicação de normas individuais e concretas, de modo que, ao fim e ao cabo, a efetividade do ordenamento, no enlace de seus valores, passa a ser objeto da concretização da segurança jurídica.

O princípio da efetividade exige, assim, a adoção de instrumentos de concretização das normas constitucionais, não se contentando a Carta Magna com retóricas falaciosas na interpretação de seus comandos. É nesse sentido que Roque Carrazza[40] proclama que "as normas constitucionais veiculadoras de direitos fundamentais hão de receber a interpretação que maior efetividade lhes empreste", de modo que, na via contrária, uma interpretação que reduza a efetividade de um princípio constitucional, sobretudo quando ligado a um direito fundamental, incorre em abominável inconstitucionalidade.

1.3.3 O surgimento dos métodos alternativos

Em face do quadro institucional crítico que se abate sobre o Judiciário e da necessidade de dar efetividade ao sistema constitucional, se fomentou, em décadas recentes, a busca por novos métodos de solução de conflitos, paralelos ao Poder Judiciário, de forma a possibilitar o acesso à justiça.

Alguns autores criticam o uso da expressão "métodos alternativos de solução de conflitos", preferindo "métodos adequados de solução de conflitos", haja vista que a intenção não é competir ou subestimar a relevância da prestação jurisdicional pelo Poder Judiciário, mas, ao revés disso, o que se busca é retirar-lhe o monopólio, eis que já não é eficiente para a resolução de todas as demandas que lhe são postas. Além disso, além de diminuir o índice de congestionamento no Judiciário, os meios adequados de resolução de conflitos têm a habilidade para, muitas vezes, responderem de maneira mais qualificada ao anseio dos postulantes, como é o caso do direito tributário, em que a matéria é demasiadamente técnica e requer conhecimento específico daqueles que a manejam.

---

[40] CARRAZZA, Roque Antonio. *Curso de direito constitucional tributário*. 32. ed., rev., ampl. e atual. São Paulo: Malheiros, 2019. p. 53.

Os principais métodos alternativos de resolução de conflitos são a mediação, a conciliação e a arbitragem, sendo que a mediação a e conciliação são métodos autocompositivos, isto é, as próprias partes resolvem o conflito, enquanto que a arbitragem é um método heterocompositivo, em que um terceiro expede a decisão.

1.3.4 Aspectos propedêuticos da arbitragem

A arbitragem, enquanto meio heterocompositivo de solucionar conflitos, pressupõe a inexistência de entendimento consensual entre as partes e, via de consequência, a necessidade de sujeição a um terceiro, externo ao Poder Judiciário, para a solução da contenda, de modo que, ao pactuarem a cláusula compromissória, as partes operam verdadeira renúncia à jurisdição estatal.

Só podem ser postos no processo arbitral direitos disponíveis, ao que já desponta uma das discussões mais acirradas quando se fala em arbitragem tributária, consoante será tratado em tópico específico adiante. Demais disso, diante da renúncia à jurisdição estatal, o Poder Judiciário não pode intervir no processo, exceto posteriormente à sentença arbitral, acaso seja verificado vício que torne nulo o processo, mas jamais em decorrência do entendimento exarado pelo árbitro.

A arbitragem, no direito brasileiro, existe desde a adoção das Ordenações Filipinas, em 1603, sendo que a Constituição de 1824 também previa a possibilidade de utilização desse instituto. Posteriormente, o Código Comercial de 1850, o Código Civil de 1916 e os Códigos de Processo Civil de 1940 e de 1973 também previram sua utilização.[41]

Inobstante referidas previsões e iniciativas, a arbitragem era parcamente utilizada e disseminada no país. Somente com a edição da Lei de Arbitragem (LBA – Lei 9.307/1996), que posteriormente foi complementada pela Lei 13.129/2015, houve uma mudança de cenário. Referida lei trouxe um instrumento moderno e flexível, com base nas diretrizes de organismos internacionais, como a ONU e as convenções de Nova Iorque de 1958 e a do Panamá de 1975.[42]

---

[41] FINKELSTEIN, Claudio. Lei modelo de arbitragem da UNCITRAL e lei brasileira de arbitragem: uma análise comparativa. *In:* FINKELSTEIN, Claudio (org.). *Arbitragem e direito*: estudos pós-graduados. São Paulo: D'Placido, 2021. p. 18.

[42] FINKELSTEIN, Claudio. Lei modelo de arbitragem da UNCITRAL e lei brasileira de arbitragem: uma análise comparativa. *In:* FINKELSTEIN, Claudio (org.). *Arbitragem e direito*: estudos pós-graduados. São Paulo: D'Placido, 2021. p. 19.

Carmona traz o seguinte conceito acerca da arbitragem:

> A arbitragem – meio alternativo de solução de controvérsias através da intervenção de uma ou mais pessoas que recebem seus poderes de uma convenção privada, decidindo com base nela, sem intervenção estatal, sendo a decisão destinada a assumir a mesma eficácia da sentença judicial – é colocada à disposição de quem quer que seja, para solução de conflitos relativos a direitos patrimoniais acerca dos quais os litigantes possam dispor.[43]

Marcelo Ricardo Escobar, em detalhado estudo sobre a arbitragem no âmbito da tributação, defende que a arbitragem é:

> uma tecnologia jurídica de afastamento do controle jurisdicional por vontade expressa das partes, que outorgam a particulares ou a instituições poderes para dirimir conflitos decorrentes de direitos patrimoniais disponíveis, com a finalidade de obter uma decisão escrita, final, irrecorrível, que, sendo condenatória, constituirá título executivo, com força de título executivo judicial.[44]

A necessidade de alternativas para a solução de lides, ao lado do processo judicial, e que garantam efetividade, coloca a arbitragem como o meio mais adequado para a solução dos mais diversos tipos de conflitos, sobretudo, para aqueles mais complexos, como é o direito tributário, e que demandam conhecimento técnico aprofundado, oposto àquele possível no Judiciário, já que é inerente à sua natureza o volume de trabalho.

José Casalta Nabais[45] captou com excelência o imbróglio que envolve a temática da privatização e do monopólio da justiça, pois, de um lado, a jurisdição é uma das funções do poder exercida pelo Estado, de modo que os órgãos judiciais representam, a par dos demais órgãos, a soberania do Estado. Sob tal perspectiva, por via de consequência, a função jurisdicional é avessa a partilhar suas atribuições com particulares, sobretudo no que tange aos litígios envolvendo questões de ordem pública. Contudo, por outro lado, a jurisdição, sob a perspectiva dos cidadãos, representa uma garantia de funcionamento e de efetividade

---

[43] CARMONA, Carlos Alberto. *Arbitragem e processo:* um comentário à Lei nº 9.307/96. 3. ed. rev., atual. e ampl. São Paulo: Atlas, 2009. p.31.

[44] ESCOBAR, Marcelo Ricardo. *Arbitragem Tributária no Brasil*. São Paulo: Almedina, 2017. p. 48-49.

[45] NABAIS, José Casalta. Reflexão sobre a introdução da arbitragem tributária. *Sinprofaz Notícias*, [s. l.], 3 out. 2011.

para a realização de direitos e interesses garantidos constitucionalmente, de modo que, num contexto em que o Poder Judiciário não é capaz de atender com efetividade essa garantia, a recusa à instituição da arbitragem acaba por constituir violação do direito de acesso à justiça. Assim, conforme José Casalta Nabais, não cabe falar nem em privatização nem em monopólio da justiça:

> De um lado, constituindo a jurisdição a garantia por excelência, o Estado não pode deixar de exercer a função jurisdicional, colocando à disposição das pessoas o correspondente serviço de justiça. O que, em contrapartida, não significa erigir essa via em via necessária e única de obtenção da justiça relativamente a todos e quaisquer litígios. Significa antes que essa via não tem que ser única ou exclusiva. Ou seja, em suma, nem privatização nem monopólio estadual da justiça.[46]

Nesse influxo de ideias, portanto, parece-nos mais correta a utilização da expressão meio adequado de solução de conflitos ao invés de meio alternativo. E isso se justifica em razão de que o processo, sob uma perspectiva moderna, requer a efetividade na solução do conflito enquanto pressuposto de que ele atinja sua finalidade. Nesse sentido, a produção de sentenças extremamente técnicas se revela como um importante fator de adequação da arbitragem, em contraposição às debilidades do processo judicial.

Acerca da natureza jurídica da arbitragem, a doutrina costuma apontar três correntes: *(i)* contratual ou privatista, em razão de que tanto a instituição da arbitragem quanto os poderes dos árbitros dependem da manifestação de vontade das partes; *(ii)* jurisdicional ou publicista, que entende que os árbitros são juízes de fato e de direito, colocando fim às lides e não dependem de homologação do Poder Judiciário; *(iii)* intermediária ou mista, que entende a arbitragem como sendo pública, mas não estatal.[47]

Nessa quadra, percucientes as ponderações feitas por Carmona:

> O conceito de jurisdição, em crise já há muitos anos, deve receber novo enfoque, para que se possa adequar a técnica à realidade. É bem verdade que muitos estudiosos ainda continuam a debater a natureza jurídica da arbitragem, uns seguindo as velhas lições de Chiovenda para sustentar

---

[46] NABAIS, José Casalta. Reflexão sobre a introdução da arbitragem tributária. *Sinprofaz Notícias*, [s. l.], 3 out. 2011.

[47] OLIVEIRA, Rafael Carvalho Rezende de. A arbitragem nos contratos da Administração Pública e a Lei nº 13.129/2015: novos desafios. *Revista Brasileira de Direito Público*, Belo Horizonte, ano 13, n. 51. p. 59-79, out./dez. 2015. p. 60.

a ideia contratualista do instituto, outros preferindo seguir ideias mais modernas, defendendo a ampliação do conceito de jurisdição, de forma a encampar também a atividade dos árbitros; outros, por fim, tentam conciliar as duas outras correntes. A verdade, porém, é que o debate adquiriu um colorido excessivamente acadêmico e, pior, pouco prático, de sorte que não parece útil continuar a alimentar a celeuma. [...] O fato que ninguém nega é que a arbitragem, embora tenha origem contratual, desenvolve-se com a garantia do devido processo e termina com ato que tende a assumir a mesma função da sentença judicial. Sirva, pois, esta evidência para mostrar que a escolha do legislador brasileiro certamente foi além das previsões de muitos ordenamentos estrangeiros mais evoluídos que o nosso no trato do tema, trazendo como resultado final o desejável robustecimento da arbitragem.[48]

Parece-nos que a terceira corrente é a mais adequada à arbitragem, posto que se, por um lado, referido instituto possui base consensual, de outro, a atividade desenvolvida pelo árbitro é claramente jurisdicional, aplicando-se a ela os mesmos princípios informadores do processo judicial.

Importa anotar, ainda, que não se ignora que a arbitragem, por si só, não é capaz de resolver o problema crônico da inefetividade na prestação jurisdicional, como argutamente observou José Casalta Nabais[49] ao admitir que "não se podem depositar demasiadas esperanças na arbitragem tributária. Desde logo, é óbvio que a arbitragem não vai resolver o problema, verdadeiramente dramático para o Estado de Direito dos dias de hoje, da elevadíssima pendência dos tribunais fiscais".

Entretanto, é preciso lembrar também das vantagens, como é o caso da celeridade, da qualidade técnica e, também, dos custos, pois, ainda que, à primeira vista, o processo arbitral possa parecer mais caro, ao se pensar na demora de uma solução judicial definitiva, os custos acabam sendo mais baratos ou, ao menos, sendo compensados.

1.3.5 Arbitrabilidade

A arbitrabilidade pode ser verificada de modo *lato sensu* ou *stricto sensu*. A primeira, cuida de uma regra utilizada para "determinar

---

[48] CARMONA, Carlos Alberto. *Arbitragem e processo*: um comentário à Lei nº 9.307/96. 3. ed. rev., atual. e ampl. São Paulo: Atlas, 2009. p. 26-27.

[49] NABAIS, José Casalta. Reflexão sobre a introdução da arbitragem tributária. *Sinprofaz Notícias*, [*s. l.*], 3 out. 2011.

preliminarmente o campo de aplicação da cláusula compromissória, para, em seguida, examinar se o litígio é susceptível de ser resolvido pela arbitragem".[50] Por sua vez, a arbitrabilidade *stricto sensu* se refere à condição de validade da convenção de arbitragem e, segundo João Bosco Lee:

> Pode ser qualificada de subjetiva ou de objetiva. A arbitrabilidade subjetiva, ou *ratione persoane*, refere-se à atitude do Estado, estabelecimento ou órgão público de concluir uma convenção arbitral. A arbitrabilidade objetiva ou *ratione materiae* analisa o objeto do litígio. A noção dualista de arbitrabilidade apresentada por Berthold Goldman é reconhecida pela doutrina. No entanto, alguns autores criticam esta distinção. Eles alegam que a arbitrabilidade subjetiva é um problema de capacidade do Estado de comprometer. Assim, a única e verdadeira arbitrabilidade se restringiria à objetiva.[51]

A arbitrabilidade subjetiva, portanto, está ligada a quem pode ser parte no processo arbitral, isto é, capacidade jurídica dos sujeitos de direito em pactuar a convenção de arbitragem. Já a arbitrabilidade objetiva atine ao aspecto legal dos negócios que podem ser submetidos à arbitragem, consistindo, basicamente, na disponibilidade do direito, respeito à ordem pública, patrimonialidade da controvérsia, possibilidade de transação, inexistência de coisa julgada e ausência de intervenção do Ministério Público.[52]

No que toca à arbitrabilidade subjetiva envolvendo a Administração Pública, os artigos 4º, § 5º e 6º,[53] da Lei 10.848/2004, dispuseram

---

[50] LEE, João Bosco. O conceito de arbitrabilidade nos países do Mercosul. *Revista de Direito Bancário e do Mercado de Capitais*, São Paulo, ano 2, n. 8, abr./jun. 2000.

[51] LEE, João Bosco. O conceito de arbitrabilidade nos países do Mercosul. *Revista de Direito Bancário e do Mercado de Capitais*, São Paulo, ano 2, n. 8, abr./jun. 2000.

[52] BERTOLANI, Lilian Elizabeth Menezes. Notas sobre a arbitrabilidade e sua evolução. *In:* FINKELSTEIN, Claudio (org.). *Arbitragem e direito*: estudos pós-graduados. São Paulo: D'Placido, 2021. p. 283.

[53] Art. 4º Fica autorizada a criação da Câmara de Comercialização de Energia Elétrica – CCEE, pessoa jurídica de direito privado, sem fins lucrativos, sob autorização do Poder Concedente e regulação e fiscalização pela Agência Nacional de Energia Elétrica – ANEEL, com a finalidade de viabilizar a comercialização de energia elétrica de que trata esta Lei.
[...]
§ 5º As regras para a resolução das eventuais divergências entre os agentes integrantes da CCEE serão estabelecidas na convenção de comercialização e em seu estatuto social, que deverão tratar do mecanismo e da convenção de arbitragem, nos termos da Lei nº 9.307, de 23 de setembro de 1996.
§ 6º As empresas públicas e as sociedades de economia mista, suas subsidiárias ou controladas, titulares de concessão, permissão e autorização, ficam autorizadas a integrar a CCEE e a aderir ao mecanismo e à convenção de arbitragem previstos no § 5º deste artigo.

que os conflitos envolvendo os membros integrantes da Câmara de Comercialização de Energia Elétrica poderiam ser submetidos à arbitragem, permitindo, desse modo, que empresa públicas e sociedade de economia mista pudesse adotar compromissos arbitrais conformes as moduladoras do referido dispositivo.

Foi promulgada no mesmo ano, ainda, a Lei 11.079/2004,[54] prevendo autorização para que a arbitragem pudesse ser utilizada para resolver conflitos advindos de parcerias público-privadas, e que acabou, por fim, sendo estendida aos demais contratos de concessão por meio da Lei 11.196/2005, inserindo o artigo 23-A[55] à Lei 8.987/1995.

Ainda, no âmbito das privatizações, houve a previsão de arbitragem nas Leis 9.472/1997,[56] 9.478/1997[57] e 10233/2001.[58]

Demais disso, no âmbito jurisprudencial, algumas décadas atrás o STF já havia se pronunciado sobre a possibilidade de arbitragem envolvendo o Poder Público. Trata-se do AI 52.181 ("Caso Lage"), de 1973, em que a Corte entendeu pela constitucionalidade do Decreto-Lei n. 9.521/46, utilizado para instaurar arbitragem no conflito entre a União Federal e o espólio de Henrique Lage acerca de uma indenização para sanar prejuízos da Organização Lage, posto que esta tivera seus navios

---

[54] Art. 11. O instrumento convocatório conterá minuta do contrato, indicará expressamente a submissão da licitação às normas desta Lei e observará, no que couber, os §§ 3º e 4º do art. 15, os arts. 18, 19 e 21 da Lei nº 8.987, de 13 de fevereiro de 1995, podendo ainda prever: [...] III - o emprego dos mecanismos privados de resolução de disputas, inclusive a arbitragem, a ser realizada no Brasil e em língua portuguesa, nos termos da Lei nº 9.307, de 23 de setembro de 1996, para dirimir conflitos decorrentes ou relacionados ao contrato.

[55] Art. 23-A. O contrato de concessão poderá prever o emprego de mecanismos privados para resolução de disputas decorrentes ou relacionadas ao contrato, inclusive a arbitragem, a ser realizada no Brasil e em língua portuguesa, nos termos da Lei no 9.307, de 23 de setembro de 1996.

[56] Art. 93. O contrato de concessão indicará: [...] XV - o foro e o modo para solução extrajudicial das divergências contratuais.

[57] Art. 20. O regimento interno da ANP disporá sobre os procedimentos a serem adotados para a solução de conflitos entre agentes econômicos, e entre estes e usuários e consumidores, com ênfase na conciliação e no arbitramento.
Art. 43. O contrato de concessão deverá refletir fielmente as condições do edital e da proposta vencedora e terá como cláusulas essenciais: [...] X - as regras sobre solução de controvérsias, relacionadas com o contrato e sua execução, inclusive a conciliação e a arbitragem internacional [...].

[58] Art. 35. O contrato de concessão deverá refletir fielmente as condições do edital e da proposta vencedora e terá como cláusulas essenciais, ressalvado o disposto em legislação específica, as relativas a: [...] XVI - regras sobre solução de controvérsias relacionadas com o contrato e sua execução, inclusive a conciliação e a arbitragem;

incorporados ao patrimônio da União e foram destruídos durante a Segunda Guerra Mundial.[59]

Tal entendimento veio sendo consolidado ao longo dos anos na jurisprudência, de modo que ficou assente a possibilidade de o Poder Público ser parte em procedimentos arbitrais, e que acabou fulminando com a edição da Lei 13.129/2015, que alterou a Lei 9.307/1996 e prescreveu a arbitrabilidade subjetiva da Administração Pública, direta ou indireta, nos procedimentos para solucionar conflitos relacionados a direitos patrimoniais disponíveis.

Vê-se que a arbitragem envolvendo a Administração Pública foi evoluindo ao longo dos anos como consequência de resposta aos conflitos advindos da relação entre o Estado e os particulares. Daí que a adoção da arbitragem nos litígios tributários também deve amadurecer e evoluir, com a finalidade de entregar respostas à altura das demandas que se apresentam.

No que toca à arbitrabilidade objetiva no direito tributário, o principal entrave frente à Lei 9.307/96 gira em torno da disponibilidade do crédito tributário, pois o art. 1º, § 1º, do referido diploma legal, prevê que "a administração pública direta e indireta poderá utilizar-se da arbitragem para dirimir conflitos relativos a direitos patrimoniais disponíveis".

Com efeito, conforme trataremos com mais vagar adiante, a atividade fiscalizatória é vinculada e deve ser exercida à luz do princípio da legalidade, de modo que a exigibilidade do tributo é compulsória e não está sujeita a um juízo de conveniência e, portanto, em princípio, indisponível. Contudo, essa aventada indisponibilidade não proíbe que haja a revisão de lançamento advinda de controle de legalidade dos atos administrativos. Demais disso, o CTN contém dispositivos (art. 151, I e VI, 171 e 172) que permitem, excepcionalmente, a alteração do valor a pagar, desde que previsto em lei.

Com base em tais nuances na disponibilidade do crédito tributário, assunto que será melhor desenvolvido adiante, é possível dizer que a disponibilidade ou indisponibilidade é relativa, de modo que, por meio de certas formas e de acordo com determinadas circunstâncias, poderá haver a disposição do direito em questão.

A disponibilidade do crédito tributário, portanto, deve ser compreendida de maneira contextualizada em conformidade com o

---

[59] OLIVEIRA, Gustavo Justino de; EID, Elie Pierre; FIGUEIROA, Caio Cesar. Arbitragem com o Poder Público no Brasil: ondas evolutivas e prospecção. *Migalhas*, [s. l.], 15 set. 2015.

regime jurídico da matéria, isto é, a adoção de um conceito mais restrito de disponibilidade do direito, motivo pelo qual a sua disciplina deve ser tratada em lei específica, a par da legislação já existente.

Outrossim, tomando-se por premissa que a arbitrabilidade subjetiva já está prevista em nosso sistema, podendo a Administração Pública ser parte em procedimentos arbitrais, o objeto da investigação se concentra na arbitrabilidade objetiva, conforme já discorrido, que é o crédito tributário.

CAPÍTULO 2

SISTEMA

2.1 Direito como sistema

Cuida-se de lição prefacial dos bancos acadêmicos a ideia de que o Direito tem a função de regular o comportamento das pessoas com a finalidade de garantir a paz social. Para tanto, utiliza-se de inúmeras normas prevendo hipóteses e consequências sobre as relações, atos e fatos presentes na sociedade.

O olhar leigo para o amontoado de normas existentes provavelmente vai visualizar o caos pairando sobre o direito. Contudo, enquanto objeto científico, o Direito deve ser observado como sistema, e esta palavra, enquanto signo portador de significado, transmite a ideia de um conjunto ordenado e organizado de elementos por meio de princípios. Nesse sentido, as ponderações de Geraldo Ataliba:

> O caráter orgânico das realidades componentes do mundo que nos cerca e o caráter lógico do pensamento humano conduzem o homem a abordar as realidades que pretende estudar, sob critérios unitários, de alta utilidade científica e conveniência pedagógica, em tentativa de reconhecimento coerente e harmônico da composição de diversos elementos em um todo unitário, integrado em uma realidade maior. A esta composição de elementos, sob perspectiva unitária, se denomina sistema.[1]

---

[1] ATALIBA, Geraldo. *Sistema Constitucional Tributário Brasileiro*. São Paulo: Revista dos Tribunais, 1966. p. 4.

Elizabeth Nazar Carrazza pontifica:

> Não basta, portanto, um amontoado de elementos, para que haja um sistema jurídico. Para tanto, é necessário, também, que estes elementos componham o todo tendo um único objetivo, um único ponto de referência. Só haverá sistema normativo quando houver um conjunto de normas interligadas e coordenadas entre si, formando um todo orgânico.[2]

Contudo, de antemão, já anotamos que há certa zona cinzenta na utilização da expressão "sistema", bem como em relação a "ordenamento". As ponderações de Paulo de Barros Carvalho nesse sentido são de extrema percuciência:

> Sistema jurídico é expressão ambígua que, em alguns contextos, pode provocar a falácia do equívoco. Com esse nome encontramos designados tanto o sistema da Ciência do Direito quanto o do direito positivo, instaurando-se certa instabilidade semântica que prejudica a fluência do discurso, de tal modo que, mesmo nas circunstâncias de inocorrência de erro lógico a compreensão do texto ficará comprometida, perdendo o melhor de sua consistência.[3]

A fim de estremar os conceitos de sistema e ordenamento jurídico, Estevão Horvath, fazendo alusão à doutrina de Gregório Robles, afirma que "ordenamento é o texto jurídico tal como é gerado pelas autoridades, que são as que tomam decisões jurídicas (incluem-se aí, obviamente, as decisões judiciais). Este texto bruto, submetido pela dogmática a um processo de refinamento e reelaboração gera um novo texto que *reflete o primeiro e ao mesmo tempo o completa*" (grifo do autor).[4]

Depreende-se, pois, que, para o referido autor, ordenamento jurídico seria o conjunto de textos jurídicos positivados, enquanto sistema jurídico seria o resultado empreendido pelos estudiosos da Ciência do Direito.

Por sua vez, Paulo de Barros Carvalho entende que tanto o direito positivo quanto a Ciência do Direito configuram sistemas, pois, em relação ao primeiro, "as normas jurídicas formam um sistema, na

---

[2] CARRAZZA, Elizabeth Nazar. *IPTU e progressividade*: igualdade e capacidade contributiva. São Paulo: Quartier Latin, 2015. p. 21.

[3] CARVALHO, Paulo de Barros. *Curso de direito tributário*. 30. ed. São Paulo: Saraiva, 2019. p. 157.

[4] HORVATH, Estevão. *O princípio do não-confisco no direito tributário*. São Paulo: Dialética, 2002. p. 13.

medida em que se relacionam de várias maneiras, segundo um princípio unificador",[5] enquanto que, em relação à Ciência do Direito, "mostra-se um sistema também nomoempírico, mas teorético ou declarativo, vertido em linguagem que se propõe ser eminentemente científica",[6] de modo que, para Paulo de Barros Carvalho, tanto o sistema do direito positivo quanto o sistema da Ciência do Direito possuem como princípio de unidade ao objeto de investigação a norma hipotética fundamental.

Pode-se concluir, portanto, que Paulo de Barros Carvalho, vai além da mera diferenciação proposta por Gregório Robles, posto que, apesar de empregar a expressão "ordenamento" como sinônimo de "direito positivo", como defende Robles, concede caráter sistemático a ambos os domínios de linguagem: prescritiva (direito positivo) e descritiva (Ciência do Direito).[7]

Dentro dessas noções preliminares de sistema é que se situa o amontoado de normas jurídicas, sejam elas princípios ou regras, como será adiante abordado, enquanto elementos componentes e que precisam ser organizados e interligados. Aos princípios jurídicos incumbe tal função, pois dão convergência e norte a todo o repertório inserido no sistema.[8]

É, pois, nesse contexto que será analisada a possibilidade de utilização da arbitragem envolvendo lides tributárias, posto que eventuais normas prevendo tal possibilidade precisam estar em consonância com as balizas que permeiam a Constituição, bem como com as demais normas presentes no sistema e que atinem ao crédito tributário, haja vista a necessidade de harmonia entre os elementos do sistema.

2.1.1 Valores

O direito é um objeto cultural e, portanto, é inapelável que seja alimentado por valores presentes e almejados por determinada sociedade, seja para obrigar, permitir ou proibir comportamentos. Desse

---

[5] CARVALHO, Paulo de Barros. *Curso de direito tributário*. 30. ed. São Paulo: Saraiva, 2019. p. 162.

[6] CARVALHO, Paulo de Barros. *Curso de direito tributário*. 30. ed. São Paulo: Saraiva, 2019. p. 163.

[7] CARVALHO, Paulo de Barros. *Curso de direito tributário*. 30. ed. São Paulo: Saraiva, 2019. p. 166.

[8] HORVATH, Estevão. *O princípio do não-confisco no direito tributário*. São Paulo: Dialética, 2002. p. 14.

modo, no presente estudo, não se pode dispensar o tratamento acerca dos valores, haja vista que influenciam diretamente na possibilidade da instituição da arbitragem para a solução das lides tributárias. É que, na esteira do que defende Estevão Horvath, "os princípios, a nosso ver, são as normas jurídicas que servem de veículos àqueles",[9] isto é, são as normas portadoras dos valores no sistema jurídico.[10]

Ora, considerando os princípios que serão tratados no próximo capítulo, tanto aqueles que, a nosso ver, subsidiam a introdução da arbitragem no direito tributário, quanto o princípio da indisponibilidade do interesse público, que é dogmaticamente utilizado por aqueles que pregam a impossibilidade da utilização da arbitragem no tema, é indispensável perquirir os valores que lhes dão substrato, a fim de determinar-lhes alcance e sentido normativos.

Após travar análise semântica da palavra "princípio", Paulo de Barros Carvalho aponta que o signo comporta acepções de norma, valor e critério objetivo. Para o autor, princípio pode ser utilizado das seguintes formas:

> a) como norma jurídica de posição privilegiada e portadora de valor expressivo; b) como norma jurídica de posição privilegiada que estipula limites objetivos; c) como os valores insertos em regras jurídicas de posição privilegiada, mas considerados independentemente das estruturas normativas; e d) como o limite objetivo estipulado em regra de forte hierarquia, tomado, porém, sem levar em conta a estrutura da norma.[11]

Nesse sentido, o percuciente escólio de Paulo de Barros Carvalho, apontando que há normas que encerram princípios e normas que constituem limites objetivos, favorece a busca por elementos que possibilitem a identificação e solução de conflitos no âmbito de normas hierarquicamente iguais. Assim, antes de passarmos ao estudo dos princípios, impõe-se tecer algumas considerações acerca do que sejam valores e, para tanto, novamente, toma-se mão das lições do professor Paulo de Barros Carvalho, que dispensa especial tratamento ao tema em sua obra:

---

[9] HORVATH, Estevão. *O princípio do não-confisco no direito tributário*. São Paulo: Dialética, 2002. p. 16.

[10] No mesmo sentido: CARVALHO, Paulo de Barros. *Curso de direito tributário*. 30. ed. São Paulo: Saraiva, 2019. p. 176.

[11] CARVALHO, Paulo de Barros. *Curso de direito tributário*. 30. ed. São Paulo: Saraiva, 2019. p. 176.

> Valor é um vínculo que se institui entre o agente do conhecimento e o objeto, tal que o sujeito, movido por uma necessidade, não se comporta com indiferença, atribuindo-se qualidades positivas ou negativas. [...] Não é excessivo, porém, falar na inexistência, propriamente dita, dos valores. Seu existir consistira apenas no ato psicológico de valorar, segundo o qual, atribuímos a objetos, aqui considerados em toda a sua plenitude semântica, qualidades positivas ou negativas. E o que nos dá acesso ao reino dos valores é a intuição emocional, não a sensível nem a intelectual. Tomados, porém, isoladamente, tais atributos assumiriam a feição de objetos metafísicos: a justiça em si, a beleza em si, etc. Enfim, os valores não são, mas valem.[12]

Percebe-se, pois, a relevância dos valores quando se busca o conteúdo normativo dos enunciados prescritivos, posto que as significações são construídas num processo de atribuição de valores aos signos positivados.[13]

Inexorável falar em axiologia sem trazer à tona o escólio de Miguel Reale,[14] pois, para esse autor, a criação e evolução do direito deve ser observada por meio da relação de complementariedade dialética entre fato, valor e norma. Valor, para Reale, é uma "intencionalidade historicamente objectivada no processo da cultura, implicando sempre o sentido vectorial de uma acção possível". Nesse sentido, afasta-se da idealidade e aponta as seguintes notas componentes dos valores: polaridade (um valor se contrapõe ao outro), implicação recíproca (há valores que têm afinidade uns com os outros), referibilidade (tudo aquilo que vale, vale para algo ou vale no sentido de algo para alguém), preferibilidade (um valor terá preferência e relação a outro), inexauribilidade (nenhum bem esgota o valor que realiza, pois os valores sempre admitem novos conteúdos), objetividade (os valores não coincidem com a consciência que cada indivíduo tem deles), incomensurabilidade (o conteúdo de um valor não é quantificável) e historicidade (um valor se realiza com o passar do tempo).

Nesse influxo de ideias, as considerações aqui esposadas assumem relevância diante da força que os valores impingem aos princípios e estes, por sua vez, sendo os pilares do sistema jurídico, são, também, os filtros pelos quais, inapelavelmente, a eventual utilização de arbitragem

---

[12] CARVALHO, Paulo de Barros. *Direito tributário*: linguagem e método. 7. ed. rev. São Paulo: Noeses, 2018. p. 182-183.

[13] CARVALHO, Aurora Tomazini de. *Curso de teoria geral do direito*: o constructivismo lógico-semântico. 6. ed. rev. e atual. São Paulo: Noeses, 2019. p. 285.

[14] REALE, Miguel. *Introdução à filosofia*. 3. ed. São Paulo: Saraiva, 1994. p. 145.

para solução de lides tributárias há de passar. Tal tomada de postura justifica-se em razão do objeto das contendas fiscais, isto é, o crédito tributário, que envolve valores tão caros ao Estado e aos cidadãos, impondo uma perene vigília sob o produto arrecadado.

2.1.2 Princípios

Inicialmente, cumpre anotar a indeterminação do conceito de princípio, posto que nem sempre se está diante do mesmo ao qual se pretende referir. Tal assimilação se torna mais relevante ainda em razão tanto da recorrente produção teórica do direito quanto da utilização prática pela jurisprudência do termo princípio. Nessa quadra, é possível identificar três possibilidades de utilização do termo princípio: *(i)* princípios gerais do direito; *(ii)* princípios jurídico-epistemológicos; e *(iii)* princípios constitucionais.

Os princípios gerais do direito consistem em uma sistematização de métodos e regras que servem de instrumentos para a resolução de antinomias. Eles funcionam dentro da mesma lógica do sistema do direito privado codificado, de modo que a eventual lacuna da lei seria tão somente na aparência, uma vez que o sistema seria completo e os princípios gerais do direito já estão pressupostos dentro do sistema, ou seja, inexiste um campo que não possa ser subsumido à lei.[15]

Os princípios jurídico-epistemológicos surgem no âmbito de autonomização de diversas disciplinas do direito e buscam, sob essa

---

[15] ABBOUD, Georges; CARNIO, Henrique Garbellini; OLIVEIRA, Rafael Tomaz de. *Introdução ao direito:* teoria, filosofia e sociologia do direito. 5. ed. rev., atual. e ampl. São Paulo: Thomson Reuters Brasil, 2020. p. 404-407: "Arthur Kaufmann elenca rol de seis princípios gerais do direito que historicamente têm se constituído como parâmetros para solução de antinomias em busca do ideal de justiça. O rol pode ser assim sintetizado: 1) *princípio do suum cuique tribuere* (Cícero), significa dar a cada um o que é seu. Assim, cada um tem o direito de levar uma vida conforme as suas características, desde que não exponha os outros a perigo; 2) *a regra de ouro* (Sermão da montanha de Jesus). Faça aos outros o que gostaria que fizessem a ti; 3) *o imperativo categórico de Kant*. O cidadão deve agir de acordo com aquelas máximas que possam ser erigidas a leis gerais. O ser humano deve ser tratado como meio e não fim; 4) *princípio da equidade* (John Rawls). Todos os envolvidos devem participar igualmente tanto nos benefícios quanto nos encargos; 5) *princípio da responsabilidade* (Hans Jonas). A ação do cidadão não pode destruir ou diminuir a possibilidade de subsistência da vida humana e de seu ambiente; 6) *princípio da tolerância* (Arthur Kaufmann). A ação humana deve sempre ser direcionada na intenção de diminuir a miséria humana."

perspectiva, dirigir e organizar os métodos de estudo de uma disciplina científica específica.[16]

Os princípios constitucionais, a seu turno, ganham nova significação dimensional a partir dos movimentos históricos e das transformações jurídicas que ocorreram com o fim da Segunda Guerra Mundial. Nesse contexto, ganha relevância a análise de constitucionalidade das leis por parte dos Tribunais Constitucionais, surgindo daí o enfrentamento de questões metodológicas pela Ciência do Direito em decorrência da necessidade de novos paradigmas de interpretação.

A crise das duas guerras que devastaram o mundo no Século XX desnudaram a fragilidade do direito frente à política, demonstrando que os procedimentos lógico-formais, conforme acreditava o positivismo, não eram suficientes para impedir o cometimento de atrocidades contra a humanidade. Não bastava a legitimidade do direito enquanto criação política da lei, tonando-se inarredável "a afirmação de um direito (*ius*) distinto da lei (*lex*), ou seja, de um direito que se forma a partir de elementos normativos constitutivos diferentes da lei".[17]

Nesse contexto, há uma intensa afirmação por conceitos que denotem força normativa sem, necessariamente, estarem previstos em lei, como é o caso de "direitos fundamentais", "cláusulas gerais", "enunciados abertos" e "princípios". Materializam-se, dessa forma, os argumentos axiológicos em detrimento do abstracionismo resultante da estrutura sistemática dos conceitos, forjada pelo direito racionalista. Tal movimento consolidou a chamada jurisprudência dos valores, que se dá num ambiente em que é preciso superar a lei por meio de princípios:

> Em inúmeras ocasiões o Tribunal Constitucional teve que se pronunciar sobre conflitos envolvendo casos concretos ocorridos ainda sob a égide do direito nazista. Pela tradição, este é um típico caso resolvido pela aplicação do adágio latino *tempus regit actum* (que é um princípio geral do direito). Contudo, isso significaria dar vigência às leis nazistas em pleno restabelecimento da democracia e fundação de um novo Estado. De se ressaltar também que a boa imagem internacional da Alemanha – recém-saída de uma guerra e extremamente endividada pelas indenizações de guerra e empréstimos para reconstrução do país –

---

[16] ABBOUD, Georges; CARNIO, Henrique Garbellini; OLIVEIRA, Rafael Tomaz de. *Introdução ao direito*: teoria, filosofia e sociologia do direito. 5. ed. rev., atual. e ampl. São Paulo: Thomson Reuters Brasil, 2020. p. 405.

[17] ABBOUD, Georges; CARNIO, Henrique Garbellini; OLIVEIRA, Rafael Tomaz de. *Introdução ao direito*: teoria, filosofia e sociologia do direito. 5. ed. rev., atual. e ampl. São Paulo: Thomson Reuters Brasil, 2020. p. 409.

passava pela afirmação de uma ruptura total com o regime anterior. Mas isso demandava tomada de decisão *extra legem* e, em última análise, até *contra legem*.

Desse modo, para legitimar suas decisões e, ao mesmo tempo, não reafirmar as leis nazistas, o Tribunal passou a construir argumentos fundados em princípios axiológicos-materiais, que remetiam para fatores *extra legem* de justificação da fundamentação de suas decisões. Afirmava-se, portanto, um direito distinto da lei. Mas não bastava isso, era preciso criar instrumentos que permitissem justificar, normativamente, tais decisões. Assim é que começam a aparecer, nas decisões do Tribunal, argumentos que remetiam à "clausulas gerais", "enunciados abertos" e, obviamente, "princípios". A utilização desses conceitos não foi aleatória, diversos fatores contribuíram para tanto, merecendo destaque o caráter aberto de seus textos que permitiriam maior margem interpretativa o que, por sua vez, possibilitou que mediante a utilização deles, o Tribunal adequasse e corrigisse a legislação, já defasada, para a nova realidade histórica concreta.[18]

No Brasil, muito embora Geraldo Ataliba já fosse um aplicado estudioso e fervoroso defensor da rigidez constitucional no direito tributário e, via de consequência, da efetividade dos princípios constitucionais,[19] a força normativa dos princípios ganha acentuado relevo a partir da disseminação das ideias de Dworkin e Alexy. Nesse contexto, temos os estudos desenvolvidos por Luís Roberto Barroso,[20] Ana Paula de Barcellos,[21] Walter Claudius Rothenburg,[22] entre outros, acerca da função e alcance dos princípios constitucionais.

---

[18] ABBOUD, Georges; CARNIO, Henrique Garbellini; OLIVEIRA, Rafael Tomaz de. *Introdução ao direito:* teoria, filosofia e sociologia do direito. 5. ed. rev., atual. e ampl. São Paulo: Thomson Reuters Brasil, 2020. p. 409.

[19] ATALIBA, Geraldo. *República e Constituição*. 3 ed. São Paulo: Malheiros, 2011; e ATALIBA, Geraldo. *Sistema Constitucional Tributário Brasileiro*. São Paulo: Editora RT, 1968.

[20] BARROSO. Luís Roberto. *Interpretação e aplicação da Constituição:* fundamentos de uma dogmática constitucional transformadora. 7. ed. rev. São Paulo: Saraiva, 2009. p. 329: "Os princípios constitucionais, portanto, explícitos ou não, passam a ser a síntese dos valores abrigados no ordenamento jurídico. Eles espelham a ideologia da sociedade, seus postulados básicos, seus fins. Os princípios dão unidade e harmonia ao sistema, integrando suas diferentes partes e atenuando tensões normativas. De parte isto, servem de guia para o intérprete, cuja atuação deve pautar-se pela identificação do princípio maior que rege o tema apreciado, descendo do mais genérico ao mais específico, até chegar à formulação da regra concreta que vai reger a espécie. Estes os papéis desempenhados pelos princípios: a) condensar valores; b) dar unidade ao sistema; c) condicionar a atividade do intérprete".

[21] BARCELLOS, Ana Paula de. *A eficácia jurídica dos princípios constitucionais:* o princípio da dignidade da pessoa humana. 3. ed. rev. e atual. Rio de Janeiro: Renovar, 2011.

[22] ROTHENBURG, Walter Claudius. *Princípios constitucionais*. 2. ed. Porto Alegre: Sergio Antonio Fabris Editor, 2003.

Mais especificamente tratando da força normativa dos princípios no direito tributário e no direito administrativo, respectivamente, os ilustres professores da PUC/SP Roque Carrazza[23] e Celso Antonio Bandeira de Mello.[24]

Inobstante as críticas, que serão mais bem desenvolvidas adiante, e a divergência que acomete o conteúdo e alcance envoltos na palavra "princípio", lançamos mão do conceito proposto pelo professor Roque Carrazza, para quem "princípio jurídico é um enunciado lógico, implícito ou explícito, que, por sua grande generalidade, ocupa posição de preeminência nos vastos quadrantes do Direito e, por isso mesmo, vincula, de modo inexorável, o entendimento e a aplicação das normas jurídicas que com ele se conectam".[25]

Celso Antonio Bandeira de Melo, por sua vez, conceitua princípio como sendo

> mandamento nuclear de um sistema, verdadeiro alicerce dele, disposição fundamental que se irradia sobre diferentes normas, compondo-lhes o espírito e servindo de critério para exata compreensão e inteligência delas, exatamente porque define a lógica e a racionalidade do sistema normativo, conferindo-lhe a tônica que lhe dá sentido harmônico.[26]

E vaticina:

> Violar um princípio é muito mais grave que transgredir uma norma. A desatenção ao princípio implica ofensa não apenas a um específico mandamento obrigatório, mas a todo o sistema de comandos. É a mais grave forma de ilegalidade ou inconstitucionalidade, conforme o escalão do princípio violado, porque representa insurgência contra todo o sistema, subversão de seus valores fundamentais, contumélia irremissível a seu arcabouço lógico e corrosão de sua estrutura mestra.[27]

---

[23] CARRAZZA, Roque Antonio. *Curso de direito constitucional tributário*. 32. ed. rev., ampl. e atual. São Paulo: Malheiros, 2019.

[24] BANDEIRA DE MELLO, Celso Antonio. *Curso de Direito Administrativo*. 32. ed. rev. e atual. São Paulo: Malheiros, 2014. p. 54.

[25] CARRAZZA, Roque Antonio. *Curso de direito constitucional tributário*. 32. ed. rev., ampl. e atual. São Paulo: Malheiros, 2019. p. 42.

[26] BANDEIRA DE MELLO, Celso Antonio. *Curso de Direito Administrativo*. 32. ed. rev. e atual. São Paulo: Malheiros, 2014. p. 54.

[27] BANDEIRA DE MELLO, Celso Antonio. *Curso de Direito Administrativo*. 32. ed. rev. e atual. São Paulo: Malheiros, 2014. p. 54.

Os conceitos de ambos os autores se coadunam com a ideia de sistema que foi proposta alhures, haja vista que cabe aos princípios, de acordo com essa visão, a função de conectar as demais normas jurídicas, de modo que elas venham a ser interpretadas e aplicadas à luz de tais princípios e, via de consequência, expressar os valores por eles portados. Portanto, quando há violação aos princípios, há um atentado contra todo o sistema,[28] já que ao se vilipendiar os pilares, toda a estrutura se esvai.

Uma abordagem acerca da força normativa dos princípios impõe, necessariamente, falar sobre Constitucionalismo. É que foi a partir desse movimento que os princípios foram recebendo tratamento de normas de maior hierarquia dentro da Constituição, de modo a irradiar luz sobre tudo aquilo que vier abaixo de suas hostes.

A partir das ideias iluministas e liberais, o Constitucionalismo deflagrou-se no século XVIII como movimento insurgente em face do Absolutismo, propondo o estabelecimento de Constituições escritas em todos os Estados a fim de impedir o poder ilimitado dos governantes. Por meio de tal movimento, começou-se o longo processo de construção do Estado de Direito e da democracia, já que o primeiro está ligado aos direitos fundamentais e à limitação do poder, enquanto que o segundo está jungido à política, à soberania popular e ao governo das maiorias.[29]

Oportuno registrar que, em razão da constante tensão entre a soberania popular e os direitos fundamentais, bem como da necessária coexistência de ambos, é que surge o Estado democrático de direito ou Estado Constitucional Democrático, pois é tênue a força que mantém o fiel da balança entre a vontade da maioria e a garantia de que sejam respeitados os direitos das minorias. Tal tensão não escapou da pena eloquente de Geraldo Ataliba, que assevera:

> Na democracia governa a maioria, mas – em virtude do postulado constitucional fundamental da igualdade de todos os cidadãos – ao fazê-lo não pode oprimir a minoria. Esta exerce também função política

---

[28] COSTA, Regina Helena. *Praticabilidade e justiça tributária*: exequibilidade da lei tributária e direitos do contribuinte. São Paulo: Malheiros, 2007. p. 78.

[29] BALEEIRO, Aliomar. *Limitações constitucionais ao poder de tributar*. 8. ed. atualizada por Misabel de Abreu Machado Derzi. Rio de Janeiro: Forense, 2010. p. 6: "À democracia formal, é suficiente o acesso ao poder daquilo que se convencionou chamar maioria, embora dessa maioria possam estar alijadas faixas numerosas da população. Isso explica por que razão nosso sistema de democracia formal pôde conviver, desde a Grécia Antiga, com a escravidão, a servidão, com o direito de voto restrito a uma elite social ou econômica. Vale dizer, do povo-cidadão, da maioria participativa se excluía uma massa de grandes ou maiores proporções, como as mulheres, os miseráveis e os analfabetos".

CAPÍTULO 2
SISTEMA | 53

importante, decisiva mesmo: a de oposição institucional, a que cabe relevante papel no funcionamento das instituições republicanas.[30]

Passados alguns séculos do surgimento das primeiras constituições escritas, em meados do século XX, com o fim da Segunda Guerra Mundial, o direito constitucional se consolida, adquirindo força normativa de forma plena. A Constituição passa a ser o epicentro desencadeador das normas, isto é, busca-se valorizar o papel da Constituição como fonte normativa de todo o sistema, posto que, até então, a Constituição era mera carta de intenções e vivia-se sob o império das leis e da glória ao legislador. Importava, pois, a vontade da maioria, representada por meio das leis exaradas pelo Poder Legislativo, enquanto que as minorias eram deixadas ao alvedrio de tais forças. Essa dinâmica, como se sabe, trouxe catástrofes sistêmicas ao redor do mundo até culminar com a eclosão da Segunda Guerra Mundial e todas as atrocidades que foram cometidas no período, sobretudo, no regime comandado pelo Partido Nacional-Socialista.[31]

É dentro desse panorama do pós-guerra, em meio a uma ressaca do positivismo e das barbáries praticadas sob o cabresto das leis, que o constitucionalismo ganha força. Há uma urgência de que os valores instalados nas constituições por meio dos princípios sejam pungentes sob as leis, ou, como quer Paulo Bonavides em sua afortunada expressão,

---

[30] ATALIBA, Geraldo. *República e Constituição*. 2. ed. São Paulo: Malheiros, 1998. p. 98 e 99. Aduz, ainda, o mestre: "Se o cidadão, cada cidadão, é *dono* de uma fração ideal da *res publica*, pode e deve ter o direito de aplicá-la nos fins que bem entender. Sendo todos iguais e livres – ou, como postulava Madison, "igualmente livres" –, podem manifestar seus desejos e pensamentos em torno da coisa pública como lhes aprouver. Daí que a verdadeira república democrática, devendo assegurar o direito de opinião, de pensamento, de crença, de associação, de informação etc., deva estender ao plano da cidadania, sem restrições, o direito de dissentir, divergir, discrepar da maioria, e, consequentemente, o pleno direito de criticá-la, formular propostas alternativas, pregá-las, aliciar adeptos e lutar, por todos os meios legítimos, para obter apoio suficiente para fazer-se substituir à corrente majoritária. Toda minoria deve ter efetiva e real garantia de possibilidade de transformar-se, pela discussão, pregação e crítica, em maioria. A Constituição verdadeiramente democrática há de garantir todos os direitos das minorias e impedir toda prepotência, todo arbítrio, toda opressão contra elas. Mais que isso, por mecanismos que assegurem representação proporcional, deve atribuir um relevante papel institucional às correntes minoritárias mais expressivas".

[31] BALEEIRO, Aliomar. *Limitações constitucionais ao poder de tributar*. 8. ed. atualizada por Misabel de Abreu Machado Derzi. Rio de Janeiro: Forense, 2010. p. 486. "Segundo PERELMAN, o processo de Nuremberg, pondo a descoberto uma legislação iníqua, abalou a fé na lei como suporte único do Direito, da segurança, da justiça. Deu alento a um movimento antipositivista. Buscou-se, então, a partir daí, uma interpretação equitativa, razoável, justa, mas conciliável com o Direito em vigor".

"ontem os códigos; hoje as constituições".[32] Mais ainda, como referendou Eros Grau, "a vitória da Grécia sobre Roma, a revanche da Grécia sobre Roma".[33]

Esse novo olhar sob a Constituição dá-lhe o lugar devido: concede-lhe força normativa por meio de controle das leis com uma jurisdição constitucional, imprimindo relevância aos direitos fundamentais e tratando os princípios como espécies normativas, dotadas de caráter vinculante. Ao desenvolver a teoria dos direitos fundamentais, o constitucionalismo contemporâneo impõe as normas e valores constitucionais sobre todos os ramos jurídicos, ocorrendo a chamada constitucionalização do direito.

O fundamento filosófico para as transformações enunciadas advém do pós-positivismo,[34] que busca se impor como uma via de superação ao jusnaturalismo e ao positivismo, posto que rechaça aquela máxima de que "desde que respeitados os procedimentos formais, todo conteúdo poderia ser direito".[35] De acordo com Braulio Bata Simões, o pós-positivismo

---

[32] Esta frase foi pronunciada por Paulo Bonavides ao receber a medalha Teixeira de Freitas, no Instituto dos Advogados Brasileiros, em 1998.

[33] Esta frase foi pronunciada por Eros Grau ao receber a mesma medalha Teixeira de Freitas, em 2003, em discurso publicado em avulso pelo IAB.

[34] BARROSO. Luís Roberto. *Interpretação e aplicação da Constituição:* fundamentos de uma dogmática constitucional transformadora. 7. ed. rev. São Paulo: Saraiva, 2009. p. 351-352: "A superação histórica do jusnaturalismo e o fracasso político do positivismo abriram caminho para um conjunto amplo e ainda inacabado de reflexões acerca do Direito, sua função social e sua interpretação. O pós-positivismo é a designação provisória e genérica de um ideário difuso, no qual se incluem a definição das relações entre valores, princípio e regras, aspectos da chamada nova hermenêutica constitucional, e a teoria dos direitos fundamentais, edificada sobre o fundamento da dignidade humana. A valorização dos princípios, sua incorporação, explícita ou implícita, pelos textos constitucionais e o reconhecimento pela ordem jurídica de sua normatividade fazem parte desse ambiente de reaproximação entre Direito e Ética". ABBOUD, Georges; CARNIO, Henrique Garbellini; OLIVEIRA, Rafael Tomaz de. *Introdução ao direito:* teoria, filosofia e sociologia do direito. 5. ed. rev., atual. e ampl. São Paulo: Thomson Reuters Brasil, 2020. p. 110-111: "Podemos resumir a definição *pós-positivista* de direito como aquela em que o fenômeno jurídico é analisado a partir da perspectiva da concretização, sendo o conceito um 'conceito interpretativo'. Com efeito, a segunda metade do século XX representa para o direito uma revolução nos níveis teórico e prático. No nível teórico, a necessidade do reconhecimento de uma especificidade do direito frente a política – em face dos movimentos que levaram ao totalitarismo da primeira metade do século – desloca o foco metodológico em direção à decisão judicial que garante uma autonomia maior do que a velha postura formal decorrente de uma pura teoria da legislação, recorrente no imaginário jurídico desde os movimentos que sucederam a revolução francesa e o posterior período codificador. No nível prático, tendo em vista o espaço de reflexão colocado no âmbito da decisão judicial, as questões sobre interpretação passaram a ocupar o centro das atenções".

[35] ABBOUD, Georges; CARNIO, Henrique Garbellini; OLIVEIRA, Rafael Tomaz de. *Introdução ao direito:* teoria, filosofia e sociologia do direito. 5. ed. rev., atual. e ampl. São Paulo: Thomson Reuters Brasil, 2020. p. 376.

revela uma evolução filosófica de tudo que existe de melhor nas outras teorias. Sem abandonar a certeza jurídica, busca nos princípios a solução para a reaproximação entre direito e sociedade, propugnando pela argumentação em detrimento do mero silogismo legal e erigindo a um novo patamar a função e a técnica hermenêutica, fundamentando-se na dignidade da pessoa humana como pedra angular de toda a sistematização.[36]

Ainda, sobre a ideia de sistema e constitucionalismo, Misabel Derzi arremata argutamente:

> Hoje, o constitucionalismo vê a Constituição como um sistema de normas que aspira a uma unidade de sentido e compreensão, unidade essa que somente pode ser dada por meio de princípios, continuamente revistos, recompreendidos e reexpressos pelos intérpretes e aplicadores do Texto Magno. Ou seja, a análise estruturadora sistêmica é necessariamente aberta, visto que, não raramente, normas e princípios estão em tensão e aparentam conflito. Chamamos tais conflitos e tensões de "aparentes", porque a compreensão, profunda da Constituição é sempre buscada, sempre descoberta, de forma contínua.[37]

Especificamente no âmbito tributário também se viu uma mudança de paradigmas, como, por exemplo, a extrafiscalidade e a capacidade contributiva, que ganham uma dimensão objetiva, de modo a orientar a edição e interpretação das normas com o fim de promover uma distribuição mais igualitária da carga tributária e construção de uma sociedade mais justa.

Marco Aurélio Greco[38] acentua que, ao contrário da Constituição Federal de 1967, que era uma Constituição do Estado brasileiro, a Constituição Federal de 1988 é uma Constituição da Sociedade brasileira, significando que aquela tinha como foco central o aparato, enquanto que esta tem como foco a sociedade civil. Assim, ganha relevância a projeção horizontal dos direitos fundamentais sobre as múltiplas relações que se estabelecem na sociedade. Nas palavras do autor:

---

[36] SIMÕES, Braulio Bata. *Execução fiscal e dignidade da pessoa humana*. Belo Horizonte: Fórum, 2015. p. 50.

[37] BALEEIRO, Aliomar. *Limitações constitucionais ao poder de tributar*. 8. ed. atualizada por Misabel de Abreu Machado Derzi. Rio de Janeiro: Forense, 2010. p. 57.

[38] GRECO, Marco Aurélio. Solidariedade Social e Tributação. *In:* GRECO, Marco Aurélio; GODOI, Marciano Seabra (coord.). *Solidariedade Social e Tributação*. São Paulo: Dialética, 2005. p. 171-171.

a compreensão e a interpretação do ordenamento tributário começa, a rigor, no preâmbulo da CF/88 e desdobra-se pelos princípios fundamentais, direitos e deveres individuais e coletivos até chegar ao Capítulo tributário. O sistema tributário não é bastante em si, não existe isolado do contexto, não é o núcleo da Constituição. É parte inegavelmente relevante que encontra seu significado quando visto de fora (à luz do conjunto dos valores constitucionais) e da repercussão que a Constituição como um todo traz para este campo específico.[39]

Nessa quadra, Heleno Taveira Torres afirma peremptoriamente que "no *constitucionalismo dos direitos,* o poder de tributar acomoda-se ao poder-dever de concretizar o catálogo de garantias constitucionais de proteção aos direitos e liberdades fundamentais dos contribuintes a cada aplicação do direito tributário, nas suas máximas possibilidades" (grifo do autor).[40]

Percuciente, ainda, a doutrina de Braulio Bata Simões acerca da relevância dos princípios na fase processual da relação tributária:

> A importância dos princípios é patente. É por meio deles que podemos pleitear inserções humanistas para a mencionada relação exacional. Conforme já ressaltado, com a utilização dos princípios na fase judicial, mediante as técnicas interpretativas, caberá ao aplicador do direito, sobretudo ao juiz de direito, efetuar a opção pela aplicação de princípios constitucionais que resgatem valores e justiça para sua decisão.
> É aqui que visualizamos a importante relação entre o direito tributário e o direito processual, uma vez que, dentre os momentos exacionais, é na fase do exercício do direito constitucional de ação, sobretudo no momento do executivo fiscal, que observaremos a grande chance do influxo de valores para o direito tributário.[41]

É nesse sentido que se pode afirmar, portanto, que, em matéria tributária, a nova ordem constitucional do Estado Democrático estabelece um garantismo por meio de um compromisso com a concretização de seus valores espraiados por todo o Sistema Tributário, incidente no

---

[39] GRECO, Marco Aurélio. Solidariedade Social e Tributação. *In:* GRECO, Marco Aurélio; GODOI, Marciano Seabra (coord.). *Solidariedade Social e Tributação.* São Paulo: Dialética, 2005. p. 322-323.

[40] TORRES, Heleno Taveira. *Direito constitucional tributário e segurança jurídica*: metódica da segurança jurídica do sistema constitucional tributário. 3. ed. rev., atual. e ampl. São Paulo: Thomson Reuters Brasil, 2019. p. 429.

[41] SIMÕES, Braulio Bata. *Execução fiscal e dignidade da pessoa humana.* Belo Horizonte: Fórum, 2015. p. 78.

plexo de movimentos que permeiam as exações tributárias, bem como as obrigações que lhe são correlatas.

2.1.3 Princípios e regras

De maneira acentuada, a doutrina costuma apontar, ao lado da noção de princípio e de sua força vinculante, sua relação com as regras, haja vista que ambos, princípios e regras, são normas jurídicas. Nesse contexto, J. J. Gomes Canotilho[42] entende que, ao invés de uma distinção entre princípios e normas, o que existe é uma diferença entre princípios e regras, haja vista tratar-se de espécies distintas de normas jurídicas. As regras convivem segundo a regra da antinomia, enquanto que os princípios convivem por meio do sopesamento de valores. Assim, no conflito entre regras, uma deixa de existir face à outra; já na colisão entre princípios, um cede peso frente ao outro em determinado caso concreto, mas continuam convivendo com a possibilidade de efeito recíproco.

Os principais defensores desta distinção entre princípios e regras são Josef Esser, Karl Larenz, Claus-Wilhelm Canaris, Ronald Dworkin e Robert Alexy.

Para Josef Esser,[43] os princípios e as regras se diferenciam de forma qualitativa, pois os princípios atuam com função de fundamento normativo para uma decisão. Karl Larenz[44] segue nesse sentido, afirmando que os princípios servem para formar o sistema jurídico, posto trazerem fundamentos de interpretação e aplicação do direito e, via de consequência, direta ou indiretamente, dão azo às normas de comportamento. Assim, os princípios não teriam aplicação prática, já que não têm a forma propositiva (se... então...) e, portanto, apenas indicariam a regra a ser aplicada.

Para Canaris,[45] a diferença entre princípios e regras está no fato de que os primeiros possuem um caráter essencialmente axiológico, ligado a valores escolhidos pelo legislador, que impede sua aplicação prática, enquanto as regras não possuem tal conteúdo valorativo. Outra

---

[42] CANOTILHO, J. J. Gomes. *Direito Constitucional e Teoria da Constituição*. 2. ed. Coimbra: Almedina, 1998. p. 1034.

[43] ESSER, Josef, 1990, p. 51, *apud* ÁVILA, Humberto. *Teoria dos princípios:* da definição à aplicação dos princípios jurídicos. 18. ed. rev. e atual. São Paulo: Malheiros, 2018. p. 55.

[44] LARENZ, Karl. *Metodología de la Ciencia del Derecho*. Barcelona: Ariel Derecho, 1994. p. 465.

[45] CANARIS, Claus-Wilhelm. *Pensamento Sistemático e Conceito de Sistema na Ciência do Direito*. 2. ed. Lisboa: Fundação Calouste Gulbenkian, 1996. p. 88.

diferença apontada pelo autor é que os princípios, ao contrário das regras, somente adquirem sentido por meio de um processo de interpretação, isto é, não possuem um conteúdo prévio. As regras, por sua vez, não dependem de interpretação, bastando sua aplicação.

Dworkin[46] concedeu elementar contribuição ao estudo da natureza dos princípios e das regras. Segundo o autor, as regras se aplicam de acordo com o tudo ou nada, de modo que, ou bem ocorre determinado fato previsto na hipótese de incidência e aplica-se a previsão contida no consequente normativo, ou não ocorreu a hipótese de incidência. Por conseguinte, havendo colisão entre regras, somente uma deverá ser aplicada, enquanto a outra não será considerada válida. Já no que tange aos princípios, seus fundamentos devem ser sopesados juntamente com fundamentos de outros princípios, havendo uma dimensão de peso entre eles, de modo que, na colisão entre princípios, o de maior peso se sobrepõe ao de menor peso, mas nenhum perde sua validade.

Por fim, Alexy[47] também aportou significativa contribuição ao estudo dos princípios e das regras. Segundo esse autor, os princípios são normas que criam deveres de otimização, de modo que determinam a realização de algo em seu maior grau de concretização. Nas palavras de Alexy:

> O ponto decisivo na distinção entre regras e princípios é que *princípios* são normas que ordenam que algo seja realizado na maior medida possível dentro das possibilidades jurídicas e fáticas existentes. Princípios são, por conseguinte, *mandamento de otimização*, que são caracterizados por poderem ser satisfeitos em graus variados e pelo fato de que a medida devida de sua satisfação não depende somente das possibilidades fáticas, mas também das possibilidades jurídicas. O âmbito das possibilidades jurídicas é determinado pelos princípios e regras colidentes.
> Já as *regras* são normas que são sempre ou satisfeitas ou não satisfeitas. Se uma regra vale, então, deve se fazer exatamente aquilo que ela exige; nem mais, nem menos. Regras contêm, portanto, *determinações* no âmbito daquilo que é fática e juridicamente possível. Isso significa que a distinção entre regras e princípios é uma distinção qualitativa, e não uma distinção de grau. Toda norma é ou uma regra ou um princípio.[48]

---

[46] DWORKIN, Ronald. *Taking rights seriously*. London: Duckworth, 1991. p. 26.

[47] ALEXY, Robert. *Teoria dos direitos fundamentais*. 2. ed. São Paulo: Malheiros, 2015. p. 90.

[48] ALEXY, Robert. *Teoria dos direitos fundamentais*. 2. ed. São Paulo: Malheiros, 2015. p. 90-91.

Para Alexy,[49] havendo colisão entre princípios, deverá ser realizada uma ponderação entre os princípios colidentes a fim de diagnosticar qual deles deve ser aplicado no caso concreto. Logo, não se poderá estabelecer antecipadamente princípios de maior e menor peso, posto que apenas de acordo com o caso concreto é que se poderá decidir qual princípio deverá ser aplicado.

Ao final e ao cabo, essa corrente doutrinária defende que, quando há uma colisão de princípios dentro do sistema jurídico, o intérprete, fazendo uso do cabedal de técnicas inerentes ao próprio sistema, deve buscar uma solução que demonstre a prevalência de determinado princípio, naquele caso, em detrimento de outro princípio, sem que isso implique a extirpação deste último do sistema.

2.1.4 Princípios, regras e postulados

É importante destacar, ainda, a teoria dos princípios desenvolvida por Humberto Ávila e que recebeu enorme acolhida pela doutrina e pela jurisprudência. Segundo o autor, as normas jurídicas, no que tange à aplicabilidade prática, podem ser classificadas em normas jurídicas de primeiro grau e normas jurídicas de segundo grau. As normas de primeiro grau são aquelas aplicáveis imediatamente às situações práticas, posto serem objeto de aplicação, que são as regras e os princípios. Por sua vez, as normas de segundo grau são aquelas aplicáveis apenas mediatamente, eis que servem apenas para orientação e aplicação de outras normas, que são os postulados normativos.[50]

Segundo Ávila, as regras são normas que exigem a análise de correspondência entre o fato e a previsão contida, tendo por base a finalidade que a fundamenta, bem como os princípios que lhes são axiologicamente determinantes. As regras estabelecem obrigações, permissões e proibições de acordo com a conduta descrita que deve ser adotada. Elas descrevem uma situação fática conhecida pelo legislador, enquanto que os princípios preveem um estado ideal de coisas a ser buscado.[51] Esse estado de coisas nada mais é do que um valor escolhido

---

[49] ALEXY, Robert. *Teoria dos direitos fundamentais*. 2. ed. São Paulo: Malheiros, 2015. p. 93-94.

[50] ÁVILA, Humberto. *Teoria dos princípios*: da definição à aplicação dos princípios jurídicos. 18. ed. rev e atual. São Paulo: Malheiros, 2018. p. 102.

[51] ÁVILA, Humberto. *Teoria dos princípios*: da definição à aplicação dos princípios jurídicos. 18. ed. rev e atual. São Paulo: Malheiros, 2018. p. 102.

pelo legislador ou pela Constituição, de modo que os princípios aportam tais valores. O fundamental aporte de Ávila à teoria dos princípios por ser captado por meio de sua conceituação dos princípios e das regras:

> As regras são normas imediatamente descritivas, primariamente retrospectivas e com pretensão de decidibilidade e abrangência, para cuja aplicação se exige a avaliação da correspondência, sempre centrada na finalidade que lhes dá suporte ou nos princípios que lhes são axiologicamente sobrejacentes, entre a construção conceitual da descrição normativa e a construção conceitual dos fatos.
> Os princípios são normas imediatamente finalísticas, primariamente prospectivas e com pretensão de complementariedade e de parcialidade, para cuja aplicação se demanda uma avaliação da correlação entre o estado de coisas a ser promovido e os efeitos decorrentes da conduta havida como necessária à sua promoção.[52]

De acordo com o autor, portanto, os princípios estabelecem um fim a ser atingido, determinam um estado de coisas a ser implementado e, ainda, têm a pretensão de contribuir para a tomada de decisão, ao contrário das regras, que geram uma solução para o caso concreto.

No que tange aos postulados normativos, isto é, as normas de segundo grau, elas não pretendem a realização de um fim, como os princípios, e nem descrevem um tipo de comportamento, como as regras. A função dos postulados é estruturar a aplicação de outras normas. De acordo com Ávila,[53] "os postulados normativos aplicativos são normas imediatamente metódicas que instituem os critérios de aplicação de outras normas situadas no plano do objeto da aplicação", ou seja, trata-se de sobrenormas, como, por exemplo, a ponderação, a proibição de excesso, a igualdade, a razoabilidade e a proporcionalidade. Elementar a distinção descrita pelo autor acerca dos postulados em relação aos princípios e regras:

> Os postulados funcionam diferentemente dos princípios e das regras. A uma, porque não se situam no mesmo nível: os princípios e as regras são normas objeto da aplicação; os postulados são normas que orientam a aplicação de outras. A duas, porque não possuem os mesmos destinatários: os princípios e as regras são primariamente dirigidos ao Poder

---

[52] ÁVILA, Humberto. *Teoria dos princípios:* da definição à aplicação dos princípios jurídicos. 18. ed. rev e atual. São Paulo: Malheiros, 2018. p. 102.

[53] ÁVILA, Humberto. *Teoria dos princípios:* da definição à aplicação dos princípios jurídicos. 18. ed. rev e atual. São Paulo: Malheiros, 2018. p. 164.

Público e aos contribuintes; os postulados são frontalmente dirigidos ao intérprete e aplicador do Direito. A três, porque não se relacionam da mesma forma com outras normas: os princípios e as regras, até porque se situam no mesmo nível do objeto, implicam-se reciprocamente, quer de modo preliminarmente complementar (princípios), quer de modo preliminarmente decisivo (regras); os postulados, justamente porque se situam num metanível, orientam a aplicação dos princípios e das regras sem conflituosidade necessária com outras normas.[54]

De se ver, portanto, que os postulados não são regras com aplicabilidade prática, já que servem tão somente para orientar a aplicação de outras normas, tendo sua relevância no momento em que o aplicador fará a interpretação dos enunciados prescritivos, ou seja, sua utilidade antecede a aplicação das normas aos fatos, de modo a direcionar o intérprete na construção normativa.

2.2 Subsistema Constitucional Tributário

Inobstante o sistema jurídico ser apenas um, não há empecilhos para que se efetuem os recortes necessários a fim de que sejam estudados os subsistemas que formam o todo. Por esse caminho, nos termos já anotado alhures, é objeto deste estudo o subsistema constitucional tributário naquilo que se conecta com a eventual submissão do crédito tributário à arbitragem.

A Constituição Federal, enquanto fonte do direito tributário, trata de quatro temas fundamentais, e que, basicamente, formam o subsistema constitucional tributário: *(i)* enunciados com previsão de regras-matrizes de incidência, em que são delineados signos presuntivos de riqueza e que poderão ser captados pelo legislador para a instituição de tributos; *(ii)* enunciados com a classificação dos tributos, denunciando as respectivas espécies em conformidade ou não à atuação estatal; *(iii)* enunciados acerca da repartição de competências tributárias, em decorrência da forma federativa de Estado, de modo que cada ente político possui sua parcela de competência delimitada previamente pela Constituição; *(iv)* limitações ao poder de tributar, em que estão previstas as normas – princípios e regras –, algumas, notadamente,

---

[54] ÁVILA, Humberto. *Teoria dos princípios:* da definição à aplicação dos princípios jurídicos. 18. ed. rev e atual. São Paulo: Malheiros, 2018. p. 164.

ditas imunidades, que deverão estar presentes durante toda a atividade envolvendo a instituição e arrecadação dos tributos.[55]

Tendo em vista, então, que a submissão de eventuais lides envolvendo o crédito tributário à arbitragem está intrinsecamente ligada à existência e extinção do tributo, torna-se imperioso enfrentar os temas que permeiam tal dinâmica, como, por exemplo, os princípios da praticabilidade, da eficiência, da legalidade, da igualdade e da segurança jurídica, bem como a já tão batida indisponibilidade do interesse público.

---

[55] COSTA, Regina Helena. *Praticabilidade e justiça tributária*: exequibilidade da lei tributária e direitos do contribuinte. São Paulo: Malheiros, 2007. p. 78.

CAPÍTULO 3

PRINCÍPIOS CONSTITUCIONAIS RELACIONADOS COM A ARBITRAGEM TRIBUTÁRIA

3.1 Introito

Hodiernamente, não se concebe mais a ideia de arrecadação como um fim em si mesmo, mas como aparato destinado à redistribuição de riquezas para implementação de uma política social e econômica, de modo que os cidadãos viabilizem ao Estado a construção de uma sociedade livre e socialmente justa.

A concretização da atividade tributária é tarefa árdua tanto para o Estado quanto para os contribuintes. As demandas constitucionais que deverão ser subsidiadas para a eficácia das políticas sociais e econômicas acendem o interesse arrecadatório estatal, que, com o intuito de levar às últimas consequências a capacidade contributiva, acaba por exacerbar a complexidade do sistema tributário.

Contudo, tal ânsia já nasce limitada pelos impositivos da Carta Magna, sendo um dos mais elementares, a própria capacidade contributiva, que, embora seja fundamento para a exação tributária é, também, sua última fronteira, já que onde não houver signo presuntivo de riqueza, inexistirá hipótese de incidência tributária.

É, pois, essencial um olhar racional sobre todo o fenômeno que envolve a atividade tributária, haja vista que a complexidade na legislação acaba por aumentar os custos de conformidade em relação aos deveres instrumentais, bem como que contribuintes busquem aparatos abusivos de planejamento fiscal ou que, simplesmente, como será melhor abordado adiante, cifras milionárias se percam nos abarrotados arquivos judiciais sob a etiqueta de executivos fiscais.

Diante de tal panorama catastrófico, a edição de leis simplificadoras, desde que dentro da moldura constitucional, são bem-vindas, como, por exemplo, a planta genérica de valores, as pautas fiscais, a tabela de veículos usados no IPVA e o Simples Nacional. Mas é preciso ir além, sobretudo, no caso de créditos tributários já inscritos em dívida ativa, como, por exemplo, a transação e a arbitragem, posto que possibilitam a busca mais célere de dinheiros públicos que, na maioria das vezes, ficariam estagnados no meio do grande volume das demandas que abarrotam o Poder Judiciário.

Assim, impende compulsar os princípios insertos no sistema constitucional tributário a fim de verificar de que maneira e quais deles se relacionam com a arbitragem.

3.2 Princípio da praticabilidade

A praticidade ou praticabilidade pode ser entendida como a utilização de uma ação que se apresenta qualificada para o alcance de um fim. Contudo, considerando que tal conduta deve ser dotada de voluntariedade e liberdade, os meios devem racionalizados à luz de princípios éticos, posto que, conforme Kant, imperativo prático pode ser entendido como o agir "de tal modo que possas tratar sempre a humanidade, seja em tua pessoa, seja na do próximo, como um fim; não te sirvas jamais disso como um meio".[56]

Transpondo a ideia de praticabilidade para o direito, temos que o objetivo deste é a pacificação social por meio da regulação de condutas, enquanto que aquela nada mais é do que uma conduta e, portanto, espraia efeitos sobre o jurídico. Entretanto, ao passo que na conduta natural humana a validade da praticidade está pautada em princípios éticos, na dimensão do direito a praticidade deve ser aferida por meio de critérios mais objetivos, isto é, com base nas normas previstas na Constituição.[57]

---

[56] KANT, Imannuel. *Crítica da razão prática*. Tradução e prefácio: Afonso Bertagnoli. São Paulo: Edições e Publicações Brasil Editora, 1959.

[57] TEIXEIRA, Daniel Alves. *Praticidade no Direito Tributário:* fundamento e controle. 2015. Dissertação (Mestrado em Direito) – Faculdade de Direito, Universidade do Estado do Rio de Janeiro, Rio de Janeiro, 2015. p. 17.

Demais disso, é possível falar que o próprio direito, ao extrair fatos do mundo fenomênico e transformá-los em norma, é uma atividade inerentemente dotada de praticidade. Não pode ser outra a conclusão extraída da magistral lição de Paulo de Barros Carvalho, ao aduzir que "a disciplina do comportamento humano, no convívio social, se estabelece numa fórmula linguística, e o direito positivo aparece como um plexo de proposições que se destinam a regular a conduta das pessoas, nas relações de inter-humanidade",[58] e, ainda, Miguel Reale, após afirmar que o direito busca a simplificação quando da apreensão da realidade por meio de fórmulas, conclui que "querer, sistematicamente, que o simples dado imediato substitua a construção jurídica seria arruinar a praticabilidade do direito, complicando-o ao infinito".[59]

De tais pressupostos, é possível depreender que a praticabilidade no direito quer significar que as normas sejam realizáveis dentro de um contexto fático-axiológico, isto é, normas abstratas, destituídas de conteúdo referencial de realidade, irremediavelmente serão irrealizáveis.

Operando-se a cisão metodológica para o direito tributário, surge um quadro ainda mais complexo para a construção de uma norma que seja prática. Isto se dá em razão da instrumentalidade desse ramo do direito, que, num cenário que sofre constante influxo das forças econômicas, precisa ser eficiente e, ao mesmo tempo, justo, respeitando os direitos e limites previstos na Constituição. Assim, diante da necessidade de arrecadação de forma generalizada em uma sociedade extremamente complexa, inapelável a busca por implementação de normas praticáveis que simplifiquem os sistemas tributários.

Os estudos desenvolvidos no âmbito da praticabilidade, de uma forma geral, costumam focar os limites de sua utilização, isto é, o quão praticáveis as normas podem ser, diante de outros princípios, que comumente são utilizados para limitar o poder de tributar, como a capacidade contributiva e a igualdade. Isso se dá em razão de que a praticabilidade acaba se utilizando de abstrações generalizantes, conforme Regina Helena Costa,[60] da qual fazem parte as presunções, ficções, indícios, conceitos jurídicos indeterminados, cláusula gerais, normas em branco e normas de simplificação, o que pode acabar esbarrando na real capacidade econômica e na igualdade entre os contribuintes.

---

[58] CARVALHO, Paulo de Barros. *Curso de direito tributário*. São Paulo: Saraiva, 2019. p. 40.

[59] REALE, Miguel. *O direito como experiência*. São Paulo: Saraiva, 1968. p. 206.

[60] COSTA, Regina Helena. *Praticabilidade e justiça tributária*: exequibilidade da lei tributária e direitos do contribuinte. São Paulo: Malheiros, 2007. p. 158.

No presente estudo, buscamos abordar a praticabilidade pelo viés de sua força normativa que se espraia pelo sistema, demandando adoção de medidas que o tornem efetivo, posto que, conforme já demonstrado no primeiro capítulo, os instrumentos de resolução dos conflitos tributários atualmente existentes são completamente inefetivos. A consequência dessa inefetividade prejudica todo o sistema, pois impede que a arrecadação satisfaça as demandas impostas por um Estado Social e Democrático de Direito, além de ser injusto, posto que apenas parte dos contribuintes acabam arcando com os custos do Estado.

Enquanto princípio, a praticidade ou praticabilidade ganhou foco de atenção no direito tributário a partir da pena da professora Misabel Derzi.[61] Segundo a prestigiada professora mineira, a praticabilidade representa um abrandamento aos princípios da igualdade e da capacidade contributiva, pois pretende evitar que as leis sejam executadas de forma complicada, sobretudo, nos casos em que tal aplicação ocorre em massa, como é o direito tributário e, por isso, também, sua maior incidência nesse campo do direito.[62] É essencial que se traga à cola o ensino da referida professora:

> Para tornar uma norma exequível, cômoda e viável, a serviço da praticidade, a lei ou o regulamento muitas vezes se utiliza de abstrações generalizantes fechadas (presunções, ficções, enumerações taxativas, somatórios e quantificações) denominadas por alguns autores "tipificações". A principal razão dessa acentuada expressão da praticidade reside no fato de que o Direito Tributário enseja aplicação em massa de suas normas, a cargo da Administração, *ex officio*, e de forma contínua ou fiscalização em massa da aplicação dessas normas (nas hipóteses de tributos lançados por homologação).[63]

A origem da noção de praticabilidade no direito tributário está ligada à noção de tipicidade, pois o pensar tipificante nasceu da prática

---

[61] PAULA, Daniel Giotti de. *A praticabilidade no direito tributário:* controle jurídico da complexidade. Rio de Janeiro: Ágora 21, 2018. p. 176: "É importante fixar que a obra da professora Misabel Derzi não é voltada, propriamente, à praticabilidade, como é a de Regina Helena Costa [...]. Entretanto, ela trata de algo que está no cerne da praticabilidade, que é a existência de espaços para a atuação do legislador ordinário e do administrador na determinação do conteúdo das leis jurídico-tributárias, nesse contínuo que vai entre indeterminabilidade e determinação no processo de interpretação e aplicação do Direito".

[62] BALEEIRO, Aliomar. *Limitações constitucionais ao poder de tributar.* 8. ed. atualizada por Misabel de Abreu Machado Derzi. Rio de Janeiro: Forense, 2010. p. 1249.

[63] BALEEIRO, Aliomar. *Limitações constitucionais ao poder de tributar.* 8. ed. atualizada por Misabel de Abreu Machado Derzi. Rio de Janeiro: Forense, 2010. p. 1249.

do fisco alemão em executar massivamente as leis fiscais. Paulo Caliendo explica a diferença entre o pensar tipificante e a teoria do tipo:

> Diferencia-se o pensar tipificante da teoria do tipo. O primeiro surge da prática fiscal; a outra, da teoria geral do fato jurídico. O pensar tipificante está a serviço da praticabilidade (pratikabilität) na aplicação de leis fiscais. São características desse modo de pensar: uso de simplificações, abstrações, de padrões rígidos, fechados e definidos. Nesses casos, a exigência de praticabilidade nas relações tributárias de massa afasta as peculiaridades do caso concreto e impõe um esquema padrão de solução para o caso.[64]

Segundo esse entendimento, portanto, a praticabilidade quer significar que, em razão da excessiva quantidade de condutas a serem operacionalizadas pela Administração Fazendária, a lei ou regulamento busca simplificar tais procedimentos, seja para arrecadar ou para fiscalizar, de modo que os princípios da igualdade e da capacidade contributiva acabam cedendo em face da generalização que se opera por meio das presunções.

Para Isensee, "praticidade é o nome que designa a totalidade das condições que garantem uma execução eficiente e econômica das leis".[65] Arndt, por sua vez, aponta que a praticabilidade é "conjunto de meios e técnicas utilizáveis com o objetivo de fazer simples e viável a execução das leis".[66]

Regina Helena Costa, ao cuidar do conteúdo normativo da praticabilidade, entende tratar-se de verdadeiro princípio e não regra, pois apresenta notas típicas daquela espécie de norma, isto é, "*(i)* contém elevado grau de generalidade e abstração, irradiando seus efeitos sobre múltiplas formas; e *(ii)* contempla valor considerado fundamental para a sociedade, qual seja, a viabilização da adequada execução do ordenamento jurídico, no campo tributário".[67]

Roque Carrazza[68] pontifica que "a praticidade (ou princípio da praticidade) recomenda que se evitem execuções muito complicadas

---

[64] CALIENDO, Paulo. *Curso de direito tributário*. 2 ed. São Paulo: Saraiva, 2019. p. 814.

[65] BALEEIRO, Aliomar. *Limitações constitucionais ao poder de tributar*. 8. ed. atualizada por Misabel de Abreu Machado Derzi. Rio de Janeiro: Forense, 2010. p. 1249.

[66] COSTA, Regina Helena. *Praticabilidade e justiça tributária*: exequibilidade da lei tributária e direitos do contribuinte. São Paulo: Malheiros, 2007. p. 90.

[67] COSTA, Regina Helena. *Praticabilidade e justiça tributária*: exequibilidade da lei tributária e direitos do contribuinte. São Paulo: Malheiros, 2007. p. 93.

[68] CARRAZZA, Roque Antonio. *Curso de direito constitucional tributário*. 32. ed., rev., ampl. e atual. São Paulo: Malheiros, 2019. p. 389.

das leis, sobretudo quando estas devem ser cumpridas em massa" e, a despeito de não estar explícito na Constituição, é princípio que impulsiona diversos enunciados prescritivos, sinalizando para que possa, "sempre que possível, da execução econômica, eficiente e viável dos atos normativos".

Seguindo também o entendimento de que a praticabilidade é um princípio, Luís Eduardo Schoueri,[69] ao tratar do conjunto de funções da norma tributária, além da fiscalidade, pontua a categoria simplificadora como "uma função das normas tributárias regida pelo princípio da praticabilidade, autorizando o aplicador da lei a adotar medidas globais, generalizantes, com a finalidade de simplificar o sistema tributário".

Misabel Derzi[70] registra que, entre outros, o princípio da praticabilidade implicitamente inspirou as normas dos arts. 150, § 7º,[71] e 155, XII, b,[72] da CF.

Elucidativo o conceito formulado por Regina Helena Costa ao princípio da praticabilidade:

> As leis tributárias devem ser exequíveis, propiciando o atingimento dos fins de interesse público por elas objetivados, quais sejam, o adequado cumprimento de seus comandos pelos administrados, de maneira simples e eficiente, bem como a devida arrecadação dos tributos.[73]

É esse o entendimento – de que a praticabilidade é um princípio constitucional – que adotamos no presente trabalho, pois, sendo os princípios elementos unificadores do repertório que compõe o sistema jurídico e portadores concretos de determinados valores,[74] há que se reconhecer força ao princípio da praticabilidade para que espraie seus

---

[69] SCHOUERI, Luís Eduardo. *Normas tributárias indutoras e intervenção econômica*. Rio de Janeiro: Forense, 2005. p. 32.

[70] BALEEIRO, Aliomar. *Limitações constitucionais ao poder de tributar*. 8. ed. atualizada por Misabel de Abreu Machado Derzi. Rio de Janeiro: Forense, 2010.

[71] Art. 150. Sem prejuízo de outras garantias asseguradas ao contribuinte, é vedado à União, aos Estados, ao Distrito Federal e aos Municípios: [...] § 7º A lei poderá atribuir a sujeito passivo de obrigação tributária a condição de responsável pelo pagamento de imposto ou contribuição, cujo fato gerador deva ocorrer posteriormente, assegurada a imediata e preferencial restituição da quantia paga, caso não se realize o fato gerador presumido.

[72] Art. 155. Compete aos Estados e ao Distrito Federal instituir impostos sobre: [...] XII - cabe à lei complementar: [...] b) dispor sobre substituição tributária;

[73] COSTA, Regina Helena. *Praticabilidade e justiça tributária*: exequibilidade da lei tributária e direitos do contribuinte. São Paulo: Malheiros, 2007. p. 93.

[74] ÁVILA, Humberto. *Teoria da segurança jurídica*. 5. ed., rev., atual. e ampl. São Paulo: Malheiros, 2019. p. 268.

efeitos sobre o direito tributário, ou seja, é imperioso que as normas tributárias promovam os valores portados por tal princípio.

Nessa senda, inobstante a aduzida natureza técnica do princípio da praticabilidade,[75] não se pode concebê-lo tão somente como diretriz de comando para que o Poder Executivo regulamente as leis, impondo-se, por sua natureza principiológica, um significado mais amplo e teleológico, de modo a alcançar toda a atuação estatal e realizar os valores açambarcados por tal norma.

Para Humberto Ávila,[76] "os princípios são normas imediatamente finalísticas. Eles estabelecem um fim a ser atingido", ou seja, os princípios impelem a uma direção, de modo que seja adotada uma conduta que alcance determinado fim. Em relação a esse fim, Ávila aduz que "não precisa, necessariamente, representar um ponto final qualquer, mas apenas um conteúdo desejado", de modo que o fim busca, portanto, um estado ideal de coisas, posto que podem existir vários conteúdos dentro de um fim.

Dentro dessa concepção, o estado ideal de coisas buscado pela praticabilidade é que as normas sejam realizáveis dentro de um contexto fático-axiológico, sob o influxo da realidade, esta que se apresenta extremamente complexa, demandando soluções céleres e eficientes no âmbito das relações sociais, políticas e jurídicas. Ocorre que esse estado ideal de coisas só será alcançado com a adoção de determinados comportamentos, que constituem necessidades práticas para o atingimento do fim almejado. É nesse sentido, portanto, que a utilização da arbitragem pode se apresentar como uma dessas necessidades práticas enquanto comportamento que busca atingir o estado ideal de coisas objetivado pela praticabilidade.

Inobstante tal entendimento, não se pode deixar de abordar que a natureza jurídica da praticabilidade não é pacífica na doutrina, havendo entendimento de que não se trata de um princípio, como defende Fábio

---

[75] COSTA, Regina Helena. *Praticabilidade e justiça tributária*: exequibilidade da lei tributária e direitos do contribuinte. São Paulo: Malheiros, 2007. p. 93. Segundo a autora: "Assinale-se ser inegável a natureza técnica do princípio em foco, o que o impede de ser colocado no mesmo patamar dos princípios éticos, como a justiça e a moralidade, posicionados no altiplano do ordenamento jurídico. No entanto, não se pode desprezar sua importância, na medida em que contribui, como veremos, para a realização daqueles valores".

[76] ÁVILA, Humberto. *Teoria dos princípios*: da definição à aplicação dos princípios jurídicos. 18. ed. rev. E atual. São Paulo: Malheiros, 2018. p. 102-103.

Soares de Melo,[77] para quem "não nos parece que a praticabilidade se caracterize como autêntico princípio, tendo em vista que decorre da própria operacionalização e aplicação das normas jurídicas contidas no ordenamento jurídico".

No mesmo sentido, Carlos Renato Cunha, negando o caráter principiológico, defende que a "praticabilidade tributária é a denominação que se atribui a uma série de técnicas de aplicação/criação de normas tributárias pelo Estado em suas funções legislativa e administrativa",[78] embora considere que a praticabilidade é extraída do princípio da eficiência, pois "seja num sentido fraco ou num sentido forte, torna-se praticamente impossível separar o seu campo semântico do Princípio da Eficiência Administrativa em alguma de suas várias dimensões".[79]

Em que pese a respeitável posição dos que defendem não ser a praticidade um princípio constitucional, não é esse o entendimento que adotamos neste trabalho.

Com base nas lições extraídas da doutrina, estamos convencidos de que o conteúdo normativo da praticabilidade é de verdadeiro princípio constitucional, dotado de alto grau de generalidade e abstração, e portador de valores demasiados caros à sociedade, com a pretensão de alcançar um estado ideal de coisas, de modo que deve ser respeitado pelo legislador infraconstitucional e servir de esteio na interpretação e aplicação das normas tributárias.

Diante do caráter principiológico da praticabilidade no direito tributário, há que se buscar formas e instrumentos que viabilizem sua eficácia na aplicação das normas tributárias, sendo que um desses instrumentos, ora objeto de estudo do presente trabalho, é a utilização da arbitragem para a resolução de conflitos envolvendo o crédito tributário. Para Misabel Derzi, a praticabilidade deve inspirar o Direito como um todo:

> Praticabilidade é o nome que se dá a todos os meios e técnicas utilizáveis com o objetivo de tornar simples e viável a execução das leis. Como

---

[77] MELO, Fabio Soares de. *Processo administrativo tributário:* princípios, vícios e efeitos jurídicos. 2. ed., rev. e atual. Porto Alegre: Livraria do Advogado, 2018. p. 53.

[78] CUNHA, Carlos Renato. *Praticabilidade tributária:* eficiência, segurança jurídica e igualdade sob uma perspectiva semiótica. 2019. Tese (Doutorado em Direito do Estado) – Faculdade de Direito, Universidade Federal do Paraná, Curitiba, 2019. p. 273.

[79] CUNHA, Carlos Renato. *Praticabilidade tributária:* eficiência, segurança jurídica e igualdade sob uma perspectiva semiótica. 2019. Tese (Doutorado em Direito do Estado) – Faculdade de Direito, Universidade Federal do Paraná, Curitiba, 2019. p. 221.

princípio geral de economicidade e exequibilidade, inspira o Direito de forma global. Toda a lei nasce para ser aplicada e imposta, por isso não falta quem erija a praticabilidade a imperativo constitucional implícito.[80]

Infere-se, portanto, que a praticabilidade, enquanto princípio constitucional, deve impelir seus comandos sobre todo o sistema. Nesse sentido, indo além da observância da praticabilidade apenas como diretriz para que o Poder Executivo regulamente as leis a execução das leis tributárias, Sérgio André Rocha defende sua aplicação no âmbito do processo administrativo fiscal:

> No campo do processo administrativo, o princípio da praticidade implica a necessidade de simplificação das formas processuais, de modo que possam as mesmas ser observadas pelos contribuintes e pela própria Fazenda Pública, sendo do interesse de toda a coletividade que os contribuintes tenham meios simples e eficazes de defesa e que a Fazenda possua formas igualmente simples e eficazes de exigência dos tributos devidos [...].
>
> Esses meios alternativos de soluções de controvérsias, nestes incluídos a arbitragem, como o fez Portugal, serão sempre úteis para resolver conflitos baseados na interpretação daquilo que não for claro e determinável à luz de certo caso concreto.[81]

Daniel Alves Teixeira, em aprofundado estudo sobre o princípio da praticabilidade, defende a utilização dos meios alternativos de resolução de conflitos como instrumento de alcance da praticabilidade da norma tributária. Adverte, no entanto, conforme será mais bem desenvolvido adiante, que tais métodos alternativos em matéria tributária não são bem-vistos pela doutrina brasileira em razão de uma suposta defesa do interesse público, ao que o autor pontifica que "o argumento da indisponibilidade do interesse público deve ceder em seus contornos formalistas já que o extremo apego ao comando legal falha quando este não consegue dimensionar adequadamente a realidade".[82]

---

[80] BALEEIRO, Aliomar. *Limitações constitucionais ao poder de tributar*. 8. ed. atualizada por Misabel de Abreu Machado Derzi. Rio de Janeiro: Forense, 2010. p. 888.

[81] ROCHA, Sergio André. *Processo Administrativo Fiscal*: controle administrativo do Lançamento Tributário. 2. ed. Rio de Janeiro: Lumen Juris, 2007. p. 80.

[82] TEIXEIRA, Daniel Alves. *Praticidade no Direito Tributário*: fundamento e controle. 2015. Dissertação (Mestrado em Direito) – Faculdade de Direito, Universidade do Estado do Rio de Janeiro, Rio de Janeiro, 2015. p. 95.

No mesmo sentido, depreende-se do excerto a seguir que Heleno Taveira Torres também entende que o princípio da praticabilidade serve como norma impositiva para a adoção de meios alternativos de resolução de conflitos, dentre os quais a arbitragem:

> O princípio jurídico e técnico da praticabilidade da tributação impõe um verdadeiro dever ao Legislador de busca dos caminhos de maior economia, eficiência e celeridade para viabilizar a imposição tributária, o que poderá ser alcançado com intensificação da participação dos administrados na gestão tributária e possibilidade de solução extrajudicial de conflitos entre a Administração e os contribuintes.[83]

Convém rememorar que no Estado Social e Democrático de Direito, como é o nosso, ao contrário do Estado Liberal, que é mínimo, o Estado é demandado a atuar ativamente na promoção da igualdade e desenvolvimento econômico, de modo a custear a saúde, a educação e a assistência social, enquanto prestações básicas de que são titulares todos os cidadãos. Contudo, para tal custeio, diante da diminuta margem para aumento de arrecadação tributária, impõe-se a busca de meios céleres para a resolução das lides tributárias, a fim de incrementar a recuperação do passivo tributário, dentre os quais a arbitragem afigura-se como de grande utilidade.[84]

Em posição contrária à possibilidade de utilização da arbitragem fundamentada na praticabilidade, Carlos Renato Cunha, em primoroso estudo sobre o tema, classifica a arbitragem como "Delegação por Terceirização via Desjudicialização"[85] e afirma se tratar de instrumento vedado por nosso ordenamento jurídico em razão de que violaria certos limites postos à praticabilidade.

---

[83] TORRES, Heleno Taveira. *Novas medidas de recuperação de dívidas tributárias. Consultor Jurídico*, [s. l.], 17 jul. 2013.

[84] TEIXEIRA, Daniel Alves. *Praticidade no Direito Tributário*: fundamento e controle. 2015. Dissertação (Mestrado em Direito) – Faculdade de Direito, Universidade do Estado do Rio de Janeiro, Rio de Janeiro, 2015. p. 96.

[85] CUNHA, Carlos Renato. *Praticabilidade tributária*: eficiência, segurança jurídica e igualdade sob uma perspectiva semiótica. 2019. Tese (Doutorado em Direito do Estado) – Faculdade de Direito, Universidade Federal do Paraná, Curitiba, 2019. p. 543.

Para esse autor, a instituição de instrumentos praticáveis deve respeitar os seguintes limites: *(i)* competência;[86] *(ii)* hierarquização;[87] *(iii)* motivação;[88] *(iv)* coerência horizontal;[89] *(v)* coerência vertical;[90] *(vi)*

---

[86] CUNHA, Carlos Renato. *Praticabilidade tributária*: eficiência, segurança jurídica e igualdade sob uma perspectiva semiótica. 2019. Tese (Doutorado em Direito do Estado) – Faculdade de Direito, Universidade Federal do Paraná, Curitiba, 2019. p. 465: "para os fins do presente trabalho denominaremos 'competência' como a regra de resiliência que se constitui na verificação da autoridade com permissão, em nosso sistema, para a utilização de técnicas de praticabilidade – o que, como visto anteriormente, pressupõe sua veiculação por determinados veículos normativos, razão pela qual a análise pode se dar em ambas as dimensões de modo intercambiável".

[87] CUNHA, Carlos Renato. *Praticabilidade tributária*: eficiência, segurança jurídica e igualdade sob uma perspectiva semiótica. 2019. Tese (Doutorado em Direito do Estado) – Faculdade de Direito, Universidade Federal do Paraná, Curitiba, 2019. p. 467: "em relação aos casos de praticabilidade que estamos a analisar, tal regra apenas significa que se deve observar a primazia da norma superior. Sempre se deverá observar os limites impostos por normas de hierarquia superior – seja entre os atos infralegais do mais subalterno ao decreto, seja deste em relação à lei ordinária, assim com desta em relação a lei complementar que disponha sobre normas gerais em matéria tributária e de ambas em relação a regras constitucionais –, seja tal norma anterior, contemporânea ou posterior ao ato normativo expedido."

[88] CUNHA, Carlos Renato. *Praticabilidade tributária*: eficiência, segurança jurídica e igualdade sob uma perspectiva semiótica. 2019. Tese (Doutorado em Direito do Estado) – Faculdade de Direito, Universidade Federal do Paraná, Curitiba, 2019. p. 468: "a motivação [...] tem por fundamento os próprios princípios da Segurança Jurídica e da Igualdade, servindo-lhes como meio de controle. [...] a regra é a da exigência da motivação para a expedição de todo ato normativo de qualquer escalão. Em relação às técnicas de praticabilidade, contudo, basta, também como regra, uma motivação simplificada, tendo em vista a autorização geral que vislumbramos no Princípio da Eficiência como seu fundamento."

[89] CUNHA, Carlos Renato. *Praticabilidade tributária*: eficiência, segurança jurídica e igualdade sob uma perspectiva semiótica. 2019. Tese (Doutorado em Direito do Estado) – Faculdade de Direito, Universidade Federal do Paraná, Curitiba, 2019. p. 470: "a coerência horizontal decorre da regra de racionalidade da Coerência, tendo por fundamento o princípio da Igualdade. A coerência horizontal é a regra de resiliência que exige o atendimento à igualdade em todas as suas dimensões."

[90] CUNHA, Carlos Renato. *Praticabilidade tributária*: eficiência, segurança jurídica e igualdade sob uma perspectiva semiótica. 2019. Tese (Doutorado em Direito do Estado) – Faculdade de Direito, Universidade Federal do Paraná, Curitiba, 2019. p. 469: "em relação aos casos de Delegação, quando falamos da coerência vertical estamos a tratar da observância das regras de competência tributária por parte da autoridade delegante, a servirem-lhe de limite conteudístico, o que difere da regra do condicionamento material [...]. Trata-se de regra auto evidente: para que o ato de delegação seja válido, a autoridade delegante deve estar atuando em matéria sob sua competência material tributária, ou seja, não pode, por exemplo, uma autoridade federal delegar questões atinentes a tributos de competência estadual e vice-versa."

condicionamento formal;[91] *(vii)* condicionamento material;[92] *(viii)* revogabilidade;[93] *(ix)* neutralidade;[94] e *(x)* proporcionalidade e razoabilidade.[95]

Dentro dessa estrutura, segundo Carlos Renato Cunha, a arbitragem não atenderia aos requisitos da coerência horizontal,

---

[91] CUNHA, Carlos Renato. *Praticabilidade tributária*: eficiência, segurança jurídica e igualdade sob uma perspectiva semiótica. 2019. Tese (Doutorado em Direito do Estado) – Faculdade de Direito, Universidade Federal do Paraná, Curitiba, 2019. p. 471: "do ponto de vista formal a maior parte das técnicas de Delegação resolve-se sem problematizações maiores do que as que apontamos quando tratamos dos limites da regra de resiliência denominada 'competência'. A própria realização da delegação – pelo fenômeno pragmático da pressuposição ou das implicaturas – impõe limites sobre o qual o instrumento normativo a ser utilizado pela autoridade delegatária e determina outros requisitos porventura exigidos no caso concreto como pressupostos para o uso do poder recebido. Podemos considerar, em tais casos, como atendida *a priori* essa dimensão do condicionamento – cabendo analisar, no caso concreto, se houve o atendimento aos limites impostos, ou seja, o seu enquadramento à regra de resiliência."

[92] CUNHA, Carlos Renato. *Praticabilidade tributária*: eficiência, segurança jurídica e igualdade sob uma perspectiva semiótica. 2019. Tese (Doutorado em Direito do Estado) – Faculdade de Direito, Universidade Federal do Paraná, Curitiba, 2019. p. 473: "do ponto de vista dos limites materiais que devem necessariamente acompanhar o ato de delegação – focado nos limites impostos ao ato a ser expedido pela autoridade delegatária com base na delegação – e que se complementam com a observância das regras de competência tributária [...] – focada nos limites conteudísticos impostos ao ato de delegação em si, sob o prisma da autoridade delegante."

[93] CUNHA, Carlos Renato. *Praticabilidade tributária*: eficiência, segurança jurídica e igualdade sob uma perspectiva semiótica. 2019. Tese (Doutorado em Direito do Estado) – Faculdade de Direito, Universidade Federal do Paraná, Curitiba, 2019. p. 474: "em relação á necessária possibilidade de extinção da delegação percebe-se que tanto a Terceirização por Privatização quanto a por Descentralização podem, no limite, ser avocadas por meio da revogação da legislação delegatória além da própria possibilidade de fiscalização e de realização de lançamento de ofício subsidiário revisando o ato praticado pelo particular ou pelo órgão estatal delegatário. Haverá, aqui, questões mais intrincadas com a Terceirização por Desjudicialização."

[94] CUNHA, Carlos Renato. *Praticabilidade tributária*: eficiência, segurança jurídica e igualdade sob uma perspectiva semiótica. 2019. Tese (Doutorado em Direito do Estado) – Faculdade de Direito, Universidade Federal do Paraná, Curitiba, 2019. p. 510: "o que denominamos por Neutralidade é a regra de resiliência que decorre da noção de Coerência, tendo por fundamento a Igualdade Tributária sob o viés da Capacidade Contributiva, nos casos de deslocamentos sintáticos referentes à sujeição passiva tributária. Vale dizer, nos casos em que, por força de técnicas de praticabilidade tributária, haja o atingimento de tal relevante valor constitucional, devem existir medidas jurídicas paliativas visando neutralizar tal efeito."

[95] CUNHA, Carlos Renato. *Praticabilidade tributária*: eficiência, segurança jurídica e igualdade sob uma perspectiva semiótica. 2019. Tese (Doutorado em Direito do Estado) – Faculdade de Direito, Universidade Federal do Paraná, Curitiba, 2019. p. 513. Para o autor, em casos mais complexos, "restará espaço para um controle de proporcionalidade e de razoabilidade e a motivação dos atos de instituição e de aplicação exigem qualificação, a demonstrar a adequação, a necessidade, a proporcionalidade em sentido estrito ou, ainda, a mais subjetiva razoabilidade sujeita à discricionariedade do controle prévio e do posterior com seus elementos de congruência, equidade e referibilidade."

do condicionamento material e da revogabilidade, o que a tornaria inconstitucional.

Segundo o autor, a inexistência de coerência horizontal entre os litigantes no contexto de uma tributação em massa violaria o princípio da igualdade, posto que a submissão casuística de lides, a apreciação por diferentes árbitros, aliadas à inexistência de graus recursais e rediscussão pelo judiciário, jamais permitiria a universalização de entendimentos. Em sentido contrário, no âmbito judicial, ainda que apenas potencialmente, haveria a busca por coerência, inclusive pelo próprio funcionamento do sistema judicial, organizado por meio de graus recursais e com destaque para o papel do STJ e do STF na uniformização jurisprudencial.[96]

Em que pese a pertinência das razões lançadas pelo autor, não nos parece que elas resistem a uma análise mais detida, posto que a aventada problemática não é outra coisa senão a questão do controle dos precedentes na arbitragem tributária. O próprio autor afirma que a coerência horizontal é apenas potencial no âmbito judicial, pois inexiste uma coerência fática, haja vista a imensa gama de divergências que despontam diariamente sob a lavra do Poder Judiciário em todas as suas instâncias. Assim, em último grau, o máximo de coerência horizontal possível na seara judicial, é aquela advinda dos tribunais superiores, seja o STJ, uniformizando o entendimento acerca da legislação federal e nacional, seja o STF, uniformizando o entendimento constitucional.

Partindo dessa perspectiva, portanto, de que só os órgãos de última instância, por meio de seus precedentes vinculantes, podem proporcionar coerência horizontal nas relações entre os contribuintes, não subsiste a objeção levantada por Carlos Renato Cunha. É que os precedentes judiciais devem vincular os árbitros, pois, ainda que o árbitro não faça parte do Judiciário e que não guarde qualquer espécie de hierarquia com seus membros e muito menos por qualquer vinculação horizontal, que sequer existe em razão de se tratar de entidades distintas, o árbitro está vinculado aos precedentes porque exerce a arbitragem de direito e este – o Direito brasileiro –, por sua vez, contém em seu

---

[96] CUNHA, Carlos Renato. *Praticabilidade tributária*: eficiência, segurança jurídica e igualdade sob uma perspectiva semiótica. 2019. Tese (Doutorado em Direito do Estado) – Faculdade de Direito, Universidade Federal do Paraná, Curitiba, 2019. p. 544-545.

repertório os precedentes judiciais vinculantes, conforme querem os artigos 926[97] e 927[98] do CPC.

Nesse sentido, tomamos mão das ideias empreendidas por Guilherme Rizzo Amaral:

> Para encontrar o fundamento da vinculação do árbitro aos precedentes, é preciso atentar para o fato de que o poder do árbitro origina-se da autonomia de vontade das partes, de modo que está o árbitro vinculado também à lei (*rectius*, ao direito) escolhida pelas partes. Quando tal escolha não é expressa, deve o árbitro calcar sua decisão nas regras de conflito das leis. Em nenhuma hipótese, contudo, pode o árbitro trair a confiança e a expectativa das partes quanto ao direito aplicável [...]. A ideia de que o árbitro poderia aplicar ordenamento jurídico distinto daquele aplicado pelo juiz deve ser vista como extravagante, na medida em que confunde diferentes sistemas de resolução de conflito (judicial e arbitral) com diferentes ordens jurídicas.[99]

Depreende-se, pois, que a vinculação do árbitro não se dá em razão de uma incidência direta das normas previstas no CPC, até porque

---

[97] Art. 926. Os tribunais devem uniformizar sua jurisprudência e mantê-la estável, íntegra e coerente. § 1º Na forma estabelecida e segundo os pressupostos fixados no regimento interno, os tribunais editarão enunciados de súmula correspondentes a sua jurisprudência dominante. § 2º Ao editar enunciados de súmula, os tribunais devem ater-se às circunstâncias fáticas dos precedentes que motivaram sua criação.

[98] Art. 927. Os juízes e os tribunais observarão: I - as decisões do Supremo Tribunal Federal em controle concentrado de constitucionalidade; II - os enunciados de súmula vinculante; III - os acórdãos em incidente de assunção de competência ou de resolução de demandas repetitivas e em julgamento de recursos extraordinário e especial repetitivos; IV - os enunciados das súmulas do Supremo Tribunal Federal em matéria constitucional e do Superior Tribunal de Justiça em matéria infraconstitucional; V - a orientação do plenário ou do órgão especial aos quais estiverem vinculados. § 1º Os juízes e os tribunais observarão o disposto no art. 10 e no art. 489, § 1º, quando decidirem com fundamento neste artigo. § 2º A alteração de tese jurídica adotada em enunciado de súmula ou em julgamento de casos repetitivos poderá ser precedida de audiências públicas e da participação de pessoas, órgãos ou entidades que possam contribuir para a rediscussão da tese. § 3º Na hipótese de alteração de jurisprudência dominante do Supremo Tribunal Federal e dos tribunais superiores ou daquela oriunda de julgamento de casos repetitivos, pode haver modulação dos efeitos da alteração no interesse social e no da segurança jurídica. § 4º A modificação de enunciado de súmula, de jurisprudência pacificada ou de tese adotada em julgamento de casos repetitivos observará a necessidade de fundamentação adequada e específica, considerando os princípios da segurança jurídica, da proteção da confiança e da isonomia. § 5º Os tribunais darão publicidade a seus precedentes, organizando-os por questão jurídica decidida e divulgando-os, preferencialmente, na rede mundial de computadores.

[99] AMARAL, Guilherme Rizzo. O controle dos precedentes na arbitragem tributária. *In:* PISCITELLI, Tathiane; MASCITTO, Andréa; MENDONÇA, Priscila Faricelli (coord.). *Arbitragem tributária:* desafios institucionais brasileiros e a experiência portuguesa. 2. ed. rev., atual. e ampl. São Paulo: Thomson Reuters Brasil, 2019. p. 370-372.

CAPÍTULO 3
PRINCÍPIOS CONSTITUCIONAIS RELACIONADOS COM A ARBITRAGEM TRIBUTÁRIA

não existe, mas em razão de que o poder do árbitro está na vontade das partes que o vinculam a julgar de acordo com o direito.[100]

Desse modo, não se vislumbra a aventada inconstitucionalidade da arbitragem em face da coerência horizontal, eis que, do mesmo modo que ela só é alcançada no Poder Judiciário por meio dos precedentes vinculantes, na arbitragem esses mesmos precedentes possuem os mesmos efeitos, na medida em que fazem parte do direito brasileiro e o árbitro deve julgar em conformidade com o direito.

Ainda, acerca dos demais requisitos que, segundo Carlos Renato Cunha, tornariam a arbitragem inconstitucional do ponto de vista da praticabilidade, isto é, a falta de condicionamento prévio e posterior e a falta de revogabilidade, que ensejaria completa abdicação do Poder Judiciário, entendemos que também não resistem a uma análise mais detida da problemática. Isso porque, em determinados casos, o Judiciário poderá ser chamado a declarar a nulidade da sentença arbitral, conforme demonstra Guilherme Rizzo Amaral:

> Se o árbitro reconhecer o precedente mas fizer o *distinguishing* equivocadamente, sua sentença não será passível de anulação. Se, por outro lado, o árbitro reconhecer o precedente mas decidir julgar contrariamente a ele por entender estar errada a corte de precedentes, a sentença arbitral será passível de anulação na medida em que o árbitro estará julgando exclusivamente conforme seu senso de justiça. É dizer, estará julgando por equidade, contrariando a vontade das partes que escolheram arbitragem de direito e, em caso de arbitragem tributária, possivelmente contrariando a ordem pública. A decisão se dá, neste caso, fora dos limites da convenção de arbitragem, atraindo a sanção de nulidade, nos termos do art. 32, IV, da LArb.[101]

---

[100] AMARAL, Guilherme Rizzo. O controle dos precedentes na arbitragem tributária. *In:* PISCITELLI, Tathiane; MASCITTO, Andréa; MENDONÇA, Priscila Faricelli (coord.). *Arbitragem tributária:* desafios institucionais brasileiros e a experiência portuguesa. 2. ed. rev., atual. e ampl. São Paulo: Thomson Reuters Brasil, 2019. p. 373-374. "Sendo o árbitro única e última instância no conflito que se lhe apresenta, o precedente que o vincula só pode ser aquele que vincularia a última instância fosse o processo judicial e não arbitral. Exemplificativamente, se o contribuinte 'A' questiona autuação fiscal federal que lhe aplicou multa considerada indevida por precedente do TRF da 4ª Região, não havendo precedente do STJ ou do STF sobre a matéria, poderá o árbitro ser persuadido por aquele precedente, mas a ele não estará vinculado. Por outro lado, tratando-se de autuação fiscal com base em tributo municipal e havendo precedentes de Tribunal de Justiça considerando tal autuação inconstitucional, estará o árbitro vinculado dado que, em matéria de tributo municipal, o Tribunal de Justiça será a última instância."

[101] AMARAL, Guilherme Rizzo. O controle dos precedentes na arbitragem tributária. *In:* PISCITELLI, Tathiane; MASCITTO, Andréa; MENDONÇA, Priscila Faricelli (coord.).

Não nos parece, portanto, que a arbitragem importa completa abdicação do Judiciário, pois este, conforme visto, poderá ser demandado a se manifestar em casos específicos. Obviamente que não poderia haver intromissão sobre todo e qualquer caso, conforme excetuado por Guilherme Rizzo Amaral, como naqueles em que ocorrer o *distinguishing*, até mesmo porque isso significaria a própria desnaturação do instituto da arbitragem.

De mais a mais, ao fim e ao cabo, importa consignar que a arbitragem não é instrumento coercitivo, mas um meio alternativo posto à disposição dos contribuintes, de modo que apenas a utilizará aqueles contribuintes que assim optarem, cientes das regras que regulam tal opção. Os contribuintes que vejam na arbitragem uma afronta à igualdade ou um risco de não poderem se socorrer do Judiciário, poderão seguir com suas eventuais lides sendo apreciadas por este. Entretanto, as objeções enfrentadas, por si só, não podem ser usadas em detrimento de outros valores igualmente constitucionais portados pelos princípios da praticabilidade, da eficiência, da segurança jurídica e do Estado de Direito.

3.3 Princípio da eficiência

O princípio da eficiência no direito tributário, denotando o cumprimento das obrigações tributárias pelos contribuintes com os menores custos possíveis, advém da economia, a partir do pensamento de Adam Smith, em suas máximas de comodidade e economia na cobrança, de modo que "é necessário que todo imposto seja planejado de tal forma que as pessoas paguem ou desembolsem o mínimo possível além do que se recolhe ao tesouro público do Estado".[102]

Nesse sentido, Paulo Caliendo anota que eficiência "é o processo que produz a maior quantidade de resultados com a menor utilização de meios".[103] O autor apresenta, ainda, quatro perspectivas da relação entre eficiência e justiça, que são: *(i)* autonomia, segundo a qual justiça e eficiência são questões totalmente distintas e que não se envolvem; *(ii)*

Arbitragem tributária: desafios institucionais brasileiros e a experiência portuguesa. 2. ed. rev., atual. e ampl. São Paulo: Thomson Reuters Brasil, 2019. p. 375-376.

[102] SMITH, Adam. *A riqueza das nações.* Tradução: Alexandre Amaral Rodrigues e Eunice Ostrensky. São Paulo: WMF Martins Fontes, v. II, lv. V, cap. II, 2013. p. 1047-1048.

[103] CALIENDO, Paulo. *Direito tributário e análise econômica do direito.* Rio de Janeiro: Elsevier, 2009. p. 70.

primado, que entende que justiça e eficiência podem ser explicadas por meio de conceitos que se sobrepõem um sobre o outro; *(iii)* contradição, posição de Calsamiglia, que defende a impossibilidade de alcance de justiça e eficiência ao mesmo tempo, posto que, ao alcançar-se um deles, viola-se o outro; *(iv)* conexão, também proposto por Calsamiglia, entende que existe conexão entre justiça e eficiência em, ao menos, cinco contextos:

> 1º) uma sociedade idealmente justa é uma sociedade eficiente;
> 2º) uma sociedade justa e equitativa dificilmente será uma sociedade que desperdiça, não utiliza ou subutiliza recursos;
> 3º) a eficiência é um componente da justiça, embora não seja nem o único, nem o principal critério de justiça;
> 4º) a eficiência, entendida como processo de maximização da riqueza social exige intervenções regulatórias, corretivas ou estratégicas do Estado no mercado e
> 5º) existe uma utilidade em observar se os mecanismos jurídicos de controle são eficientes na produção de riqueza social.[104]

Em relação à concepção de contradição, de Calsamiglia, é preciso ter em mente que a eficiência, por se tratar de princípio, na esteira do que vem se apontando, pretende um estado ideal de coisas e, portanto, a sua existência pode se dar em graus, de modo que, a nosso ver, com base em tal premissa, inexiste contradição. Tanto a justiça quanto a eficiência podem e devem existir conjuntamente se essa é a vontade de uma coletividade, e nisso estamos com Daniel Alves Teixeira, para quem "o conceito de eficiência não apresenta um padrão absoluto, o seu reconhecimento pode ocorrer de diferentes formas em diferentes sociedades, obedecidos diferentes referenciais de conduta".[105]

De mais a mais, depreende-se que o conceito de eficiência no âmbito econômico adquire caracteres próprios dessa ciência, enquanto que a justiça fiscal assume a feição advinda da Ciência do Direito, denotando a *autopoiése* de ambos os sistemas.[106]

---

[104] CASAMIGLIA, Albert, 1987, p. 271, *apud* CALIENDO, Paulo. *Direito tributário e análise econômica do direito*. Rio de Janeiro: Elsevier, 2009. p. 76.

[105] TEIXEIRA, Daniel Alves. *Praticidade no Direito Tributário:* fundamento e controle. 2015. Dissertação (Mestrado em Direito) – Faculdade de Direito, Universidade do Estado do Rio de Janeiro, Rio de Janeiro, 2015. p. 41.

[106] LUHMANN, Niklas. *El derecho de la sociedad*. México, DF: Inuversidad Ibero Americana, 2002. Colección Teoría Social. p. 101.

Demais disso, o isolamento atribuído por Niklas Luhmann, no sentido de que "as operações jurídicas judiciais são e devem ser operacionalmente fechadas, não prejudicam o caráter aberto do mesmo sistema aos valores, ao conhecimento e à evolução dos conceitos que o embasam".[107] Ou seja, o fechamento operacional não impede que haja abertura cognitiva a fim de permitir a produção de seu próprio conteúdo.

Ainda, no campo da economia, W. Pareto formulou o conceito mais difundido sobre eficiência, pois representa uma maneira objetiva de verificar se determinada escolha promove a maximização de ganhos para todos os envolvidos na situação. É que a mensuração da utilidade para diferentes indivíduos se revela um problema, haja vista que tal utilidade varia de pessoa para pessoa. Assim, segundo a fórmula de Pareto, "uma solução é maximizadora quando o incremento de posição de uma parte não produzirá um prejuízo para nenhum outro indivíduo envolvido".[108]

Já no que diz respeito ao direito, a eficiência alcança projeção a partir dos estudos de Richard Posner e de John Rawls. Para Posner, a função primordial do direito, sob o viés econômico, é alterar os incentivos, e a eficiência, por sua vez, é a potencialização da capacidade de explorar recursos econômicos pelos indivíduos, pagando por bens e serviços. Nesse sentido, Posner é adepto de um sistema utilitarista, consequencialista e pragmático, em oposição a critérios principiológicos, conforme defende Dworkin.[109]

Para Dworkin, as decisões judiciais são geradas com fundamentos em princípios e apenas politicamente, na esteira do consequencialismo. Para esse autor, a eficiência deve buscar a riqueza não como um fim em si mesmo, mas como um meio para chegar a outros valores demandados pela sociedade como de verdadeira importância.[110]

John Rawls formula um conceito de eficiência mais atrelado à justiça e menos utilitarista. A pretensão de Rawls é promover uma

---

[107] BALEEIRO, Aliomar. *Limitações constitucionais ao poder de tributar*. 8. ed. atualizada por Misabel de Abreu Machado Derzi. Rio de Janeiro: Forense, 2010. p. 66.

[108] CALIENDO, Paulo. *Direito tributário e análise econômica do direito*. Rio de Janeiro: Elsevier, 2009. p. 74.

[109] ALMEIDA FILHO, Jorge Celso Fleming de. *Princípio da eficiência tributária:* contribuições para a construção de uma administração tributária mais eficiente no Brasil. 2013. Dissertação (Mestrado em Direito) – Faculdade de Direito, Universidade do Estado do Rio de Janeiro, Rio de Janeiro, 2013. p. 33.

[110] ALMEIDA FILHO, Jorge Celso Fleming de. *Princípio da eficiência tributária:* contribuições para a construção de uma administração tributária mais eficiente no Brasil. 2013. Dissertação (Mestrado em Direito) – Faculdade de Direito, Universidade do Estado do Rio de Janeiro, Rio de Janeiro, 2013. p. 34.

reflexão maior sobre a teoria do contrato social, de modo que não se deve pensar no contrato original como a gênese da ordem social ou governamental, mas, ao revés disso, deve-se ter como consenso original que a estrutura fundante da sociedade é o princípio da justiça. Logo, a postura de Rawls é no sentido de que o conceito de justiça deve ser tomado como procedimento e cooperação e não de dominação sob um viés institucionalista.[111]

A teoria de Rawls parte de uma posição original hipotética em que num momento zero da sociedade seria firmado, hipoteticamente, um contrato social, de modo que seriam postos os critérios de distribuição dos recursos. Em tal cenário, os atores sociais, ignorando as posições que ocupam e dados mais precisos da realidade, atuariam dentro da neutralidade e buscariam a efetivação da justiça por meio de um "consenso original", que Rawls resume em dois princípios:

> Primeiro: cada pessoa deve ter um direito igual ao sistema mais extenso de iguais liberdades fundamentais que seja compatível com um sistema similar de liberdades para as outras pessoas.
> Segundo: as desigualdades sociais e econômicas devem estar dispostas de tal modo que tanto (a) se possa razoavelmente esperar que se estabeleçam em benefício de todos como (b) estejam vinculadas a cargos e posições acessíveis a todos.[112]

A arrojada concepção de justiça de Rawls alia o princípio da liberdade com o princípio da diferença para o enfrentamento equitativo da arbitrariedade, da distribuição de dons naturais e de posição social privilegiada. Sob tal perspectiva, os recursos advindos dos impostos são tidos como potenciais benefícios gerais e posições abertas e não apenas para garantir a liberdade.

Nesse influxo de ideias, para Rawls, portanto, o princípio da eficiência não é suficiente na concepção de justiça, demandando a conjugação com a equidade e, mais ainda, a igualdade de chances, de modo a superar as deficiências da liberdade material, que se insere no contexto de distribuição desigual de talentos e aptidões.[113]

Inobstante essas considerações do intercâmbio entre justiça e direito, fato é que a eficiência foi alçada ao grau de norma jurídica por

---

[111] RAWLS, John. *Uma teoria da justiça*. São Paulo: Martins Fontes, 2008. p. 12.

[112] RAWLS, John. *Uma teoria da justiça*. São Paulo: Martins Fontes, 2008. p. 73.

[113] TORRES, Ricardo Lobo. Princípio da eficiência. *In*: TORRES, Ricardo Lobo; KATAOKA, Eduardo Takeme; GALDINO, Flavio (org.). *Dicionário de Princípios Jurídicos*. Rio de Janeiro: Campus, 2011. p. 401.

meio de sua inserção no art. 37 da Constituição Federal, de modo a portar um valor caro à sociedade e, independentemente dos contornos estremados em outras ciências, passa a compor o ordenamento jurídico e espraia seus efeitos sobre todo o sistema.[114]

A positivação do princípio da eficiência na Constituição Federal deu-se no contexto da reforma gerencial de 1995 que postulava uma reforma administrativa calcada na tríade Direito, Eficiência e Administração gerencial, sob os auspícios do pensamento neoliberal. Com a EC 19/98, buscou-se, portanto, uma nova forma de gerir a coisa pública, de modo a substituir uma administração burocrática, baseada estritamente no princípio da legalidade e calcada no controle das atividades-meio, para implementar uma administração gerencial, que busca controlar mais os resultados e descentralizar os procedimentos, e, ainda, promover a participação da sociedade na gestão da coisa pública.[115]

Diante disso, o princípio da eficiência, consagrado no *caput* do art. 37 da CF/88, deve ser estendido também ao Direito Tributário, implicando um novo paradigma na relação entre o sujeito ativo e o sujeito passivo da obrigação tributária e, sob tal perspectiva, os efeitos da eficiência devem alcançar ambas as partes, racionalizando o processo e produzindo a maior quantidade possível de soluções com a menor utilização de dispêndios.

Juntamente com o *caput* do artigo 37 da CF/88, pode-se agregar o inciso XXII[116] do mesmo artigo, o inciso XV[117] do artigo 52 e o inciso LXXVIII[118] do art. 5º, todos apontando para a incidência do princípio da eficiência no sistema jurídico.

---

[114] TEIXEIRA, Daniel Alves. *Praticidade no Direito Tributário:* fundamento e controle. 2015. Dissertação (Mestrado em Direito) – Faculdade de Direito, Universidade do Estado do Rio de Janeiro, Rio de Janeiro, 2015. p. 42.

[115] ALMEIDA FILHO, Jorge Celso Fleming de. *Princípio da eficiência tributária:* contribuições para a construção de uma administração tributária mais eficiente no Brasil. 2013. Dissertação (Mestrado em Direito) – Faculdade de Direito, Universidade do Estado do Rio de Janeiro, Rio de Janeiro, 2013. p. 28.

[116] XXII - as administrações tributárias da União, dos Estados, do Distrito Federal e dos Municípios, atividades essenciais ao funcionamento do Estado, exercidas por servidores de carreiras específicas, terão recursos prioritários para a realização de suas atividades e atuarão de forma integrada, inclusive com o compartilhamento de cadastros e de informações fiscais, na forma da lei ou convênio. (Incluído pela Emenda Constitucional nº 42, de 19.12.2003).

[117] Art. 52. Compete privativamente ao Senado Federal: [...] XV - avaliar periodicamente a funcionalidade do Sistema Tributário Nacional, em sua estrutura e seus componentes, e o desempenho das administrações tributárias da União, dos Estados e do Distrito Federal e dos Municípios. (Incluído pela Emenda Constitucional nº 42, de 19.12.2003).

[118] Art. 5º Todos são iguais perante a lei, sem distinção de qualquer natureza, garantindo-se aos brasileiros e aos estrangeiros residentes no País a inviolabilidade do direito à vida, à

CAPÍTULO 3
PRINCÍPIOS CONSTITUCIONAIS RELACIONADOS COM A ARBITRAGEM TRIBUTÁRIA | 83

Após ampla análise da doutrina acerca do conteúdo e natureza jurídica da eficiência, Carlos Renato Cunha, com base numa distinção fraca entre princípios e regras, entende que é um princípio, nos seguintes termos:

> Podemos convencionar que a eficiência é um princípio jurídico, com seu *status* elevado na hierarquia normativa, grande amplitude semântica, com caráter teleológico atingível em graus diferentes. Trata-se de um princípio que, se em alguns recortes, possui nítido caráter instrumental de indicar meios para se atingir qualquer outro fim pode-se vislumbrar em outras dimensões um conteúdo autônomo, com um valor próprio.[119]

Humberto Ávila entende que a eficiência administrativa não é um princípio, haja vista que não buscaria um estado de coisas autônomo a ser concretizado, mas, ao revés disso, a eficiência cuida da maneira como outros objetos devem ser realizados. Para Ávila, a eficiência é uma metanorma, já que se presta a pautar a aplicação de outra norma, isto é, "são as finalidades administrativas constitucionalmente impostas que devem ser realizadas de modo eficiente".[120]

Embora o referido autor entenda não se tratar de princípio, temos que a divergência é mais formal do que substancial, haja vista todo o pensamento desenvolvido metodicamente por Ávila na teoria dos princípios. Nesse sentido, por exemplo, Ricardo Lobo Torres trata o princípio da eficiência como um princípio de legitimação, que seriam aqueles princípios de caráter instrumental, na medida em que são

---

liberdade, à igualdade, à segurança e à propriedade, nos termos seguintes: [...] LXXVIII - a todos, no âmbito judicial e administrativo, são assegurados a razoável duração do processo e os meios que garantam a celeridade de sua tramitação. (Incluído pela Emenda Constitucional nº 45, de 2004).

[119] CUNHA, Carlos Renato. *Praticabilidade tributária*: eficiência, segurança jurídica e igualdade sob uma perspectiva semiótica. 2019. Tese (Doutorado em Direito do Estado) – Faculdade de Direito, Universidade Federal do Paraná, Curitiba, 2019. p. 173.

[120] ÁVILA, Humberto. Presunções e pautas fiscais frente à eficiência administrativa. *In:* ROCHA, Valdir de Oliveira (coord.). *Grandes questões atuais do Direito Tributário*. São Paulo: Dialética, 2005. p. 277-288: "A eficiência administrativa não é propriamente um princípio jurídico, na medida em que não estabelece um estado autônomo de coisas que deva ser realizado. A eficiência não estabelece algo objetivo de realização. Ela prescreve, em vez disso, o modo de realização de outros objetos. Nesse sentido, ela não é uma norma que funciona como objeto direto de aplicação, mas uma norma que funciona como critério de aplicação de outras. A eficiência é, pois, uma metanorma ou norma de segundo grau. Sozinha, ela sequer tem sentido, pois depende sempre de um objeto cuja aplicação irá pautar. Com efeito, como modo de aplicação de outras normas, a eficiência atua sobre a realização de outras: são as finalidades administrativas constitucionalmente impostas que devem ser realizadas de modo eficiente".

destituídos de conteúdo material, "cabendo-lhe equilibrar e harmonizar os outros princípios constitucionais da tributação e os próprios valores presentes no direito tributário, como a liberdade, a justiça e a segurança jurídica".[121]

Assim, inobstante não discordarmos do caráter metanormativo proposto por Humberto Ávila, adotamos o caráter principiológico adotado por Ricardo Lobo Torres, para quem o princípio da eficiência se impõe "como concepção ponderada de princípios e valores, o que permite o aprofundamento da sua dimensão argumentativa",[122] de modo que todos os demais princípios de legitimação devem ser articulados juntamente com os princípios de conteúdo aliados à eficiência.

Daniel Alves Teixeira descreve argutamente o modo como a eficiência, enquanto princípio de legitimação – no escólio de Torres – ou como postulado – no escólio de Ávila – atua sobre o direito tributário:

> No plano tributário, diante do caráter instrumental da arrecadação, a demanda por eficiência ganha peso, ao mesmo tempo em que se orienta no plano da justiça individual e geral, pelo respeito aos direitos e garantias fundamentais, máxime pela capacidade contributiva subjetiva, mas também pela força do dever de isonomia e equidade. É que um sistema tributário ineficiente culmina na desigualdade da repartição da carga fiscal, sobrecarregando alguns contribuintes em benefício de outros, o que nos remete à conclusão de que a eficiência concorre para uma concepção de um direito tributário justo.[123]

Jorge Celso Fleming de Almeida Filho, em profícua monografia sobre o tema, aponta os vários sentidos que podem ser atribuídos à eficiência no âmbito do direito:

> redução da complexidade social, previsibilidade, segurança, igualdade, desenvolvimento econômico sustentável, razoabilidade e, ainda, um sentido programático e prospectivo, qual seja, como o direito pode contribuir para a realização de certos objetivos político-sociais. A soma

---

[121] TORRES, Ricardo Lobo. Princípio da eficiência. In: TORRES, Ricardo Lobo; KATAOKA, Eduardo Takeme; GALDINO, Flavio (org.). Dicionário de Princípios Jurídicos. Rio de Janeiro: Campus, 2011. p. 401.

[122] TORRES, Ricardo Lobo. Princípio da eficiência. In: TORRES, Ricardo Lobo; KATAOKA, Eduardo Takeme; GALDINO, Flavio (org.). Dicionário de Princípios Jurídicos. Rio de Janeiro: Campus, 2011. p. 401.

[123] TEIXEIRA, Daniel Alves. Praticidade no Direito Tributário: fundamento e controle. 2015. Dissertação (Mestrado em Direito) – Faculdade de Direito, Universidade do Estado do Rio de Janeiro, Rio de Janeiro, 2015. p. 43.

destas características faz da Eficiência jurídica um instrumento para uma democracia de "qualidade", porque, além de tutelar os direitos fundamentais, também garante uma distribuição equitativa de renda.[124]

A partir de tais lições, capta-se que o princípio da eficiência é portador de valores que demandam da Administração Pública um dever de otimização em seus processos, isto é, uma boa-administração, desde que dentro das moduladoras jurídicas permitidas. Esses valores presentes no princípio da eficiência denotam, assim como ocorre com os princípios da moralidade e da proporcionalidade, o seu alto grau de abstração e a dificuldade de se definir o estado ideal de coisas a ser buscado, ao contrário, por exemplo, do que se dá com a legalidade ou publicidade.[125]

Entretanto, tal dificuldade não pode ser motivo para que não avancemos na busca do conteúdo e dos fins almejados pela Constituição. Assim, arriscamo-nos a apontar, juntamente com Jorge Celso Fleming de Almeida Filho, que o estado ideal de coisas perseguido pela eficiência é a "otimização financeira das contas públicas" e a "prestação de um serviço satisfatório"[126] ou, ainda, no sentido mais alargado posto por Carlos Renato Cunha de que "deve-se atingir a finalidade proposta (eficácia) pelos meios menos onerosos em sentido amplo (eficiência em sentido estrito)".[127]

Tomada a eficiência como um princípio constitucional que possui incidência sobre o direito tributário, ela ganha também a dimensão de um mandamento, isto é, enquanto elemento ordenador do sistema, ela requer a utilização de medidas que a conformem na maior medida possível. Dentro de tal quadro é que se apresentam os meios alternativos de resolução de conflitos, e neste estudo especialmente a arbitragem,

---

[124] ALMEIDA FILHO, Jorge Celso Fleming de. Princípio da eficiência tributária: contribuições para a construção de uma administração tributária mais eficiente no Brasil. 2013. Dissertação (Mestrado em Direito) – Faculdade de Direito, Universidade do Estado do Rio de Janeiro, Rio de Janeiro, 2013. p. 38.

[125] ALMEIDA FILHO, Jorge Celso Fleming de. Princípio da eficiência tributária: contribuições para a construção de uma administração tributária mais eficiente no Brasil. 2013. Dissertação (Mestrado em Direito) – Faculdade de Direito, Universidade do Estado do Rio de Janeiro, Rio de Janeiro, 2013. p. 32.

[126] ALMEIDA FILHO, Jorge Celso Fleming de. Princípio da eficiência tributária: contribuições para a construção de uma administração tributária mais eficiente no Brasil. 2013. Dissertação (Mestrado em Direito) – Faculdade de Direito, Universidade do Estado do Rio de Janeiro, Rio de Janeiro, 2013. p. 32.

[127] CUNHA, Carlos Renato. Praticabilidade tributária: eficiência, segurança jurídica e igualdade sob uma perspectiva semiótica. 2019. Tese (Doutorado em Direito do Estado) – Faculdade de Direito, Universidade Federal do Paraná, Curitiba, 2019. p. 173.

como um mecanismo potencializador da eficiência no âmbito da resolução de lides tributárias.

Bruno Bastos de Oliveira[128] contextualiza o papel da arbitragem ante à necessidade de efetivação do princípio da eficiência a fim de se atingir a modernização estatal. É que ao tratar da arbitragem no direito tributário, torna-se imprescindível analisar o modo como o papel do Estado sofreu mudanças ao longo dos séculos e como o instituto da arbitragem se presta como instrumento para operacionalizar o Estado moderno.

Com a crise do Estado Social e o processo de globalização, a partir dos anos 1970, há um enfraquecimento do Estado, de um lado, e um ganho de forças do mercado, de outro, ocorrendo o que se denominou por neoliberalismo num ambiente de globalização.[129] Nesse contexto, o capital passa a circular de modo irrestrito e, portanto, com dificuldades de controle por parte do Estado, dando azo ao "Estado informacional", decorrente de uma "sociedade em rede".[130]

Tal confluência de fatores acarreta um Estado complexo e portador de conflitos também complexos, que não consegue evoluir de maneira eficiente e no mesmo passo da dita sociedade em rede a fim de dar respostas aos conflitos, de modo que se instaura um quadro de ineficiência estatal na garantia de direitos e na promoção do desenvolvimento.

Ao trazer tal panorama para dentro do direito tributário, o caos é gritante, sobretudo, no âmbito dos executivos fiscais, mas não somente. É lugar comum afirmar a complexidade de nosso sistema tributário, sendo inúmeras as propostas para torná-lo mais praticável e menos oneroso. Essa complexidade acaba gerando muitos litígios e estes, por sua vez, exigem uma análise técnica altamente qualificada. Eis um ponto fulcral no debate. A falta de habilidade técnica por parte de julgadores – e aqui não se está lhes impingindo culpa – acaba por dificultar a conclusão de processos, de modo a torná-los mais morosos e onerosos.

Nesse panorama, Jorge Celso Fleming de Almeida Filho capta argutamente a relevância da eficiência no contexto tributário:

---

[128] OLIVEIRA, Bruno Bastos de. *Arbitragem tributária:* gatilho para racionalização do contencioso fiscal e a consequente promoção do desenvolvimento econômico nacional. 2018. Tese (Doutorado em Ciências Jurídicas) – Faculdade de Direito, Universidade Federal da Paraíba, João Pessoa, 2018. p. 57.

[129] GRAU, Eros Roberto. *A ordem econômica na Constituição de 1988.* 12. ed. São Paulo: Malheiros, 2007. p. 55.

[130] CASTELLS, Manuel. *A sociedade em rede.* São Paulo: Paz e Terra, 1999. p. 87.

CAPÍTULO 3
PRINCÍPIOS CONSTITUCIONAIS RELACIONADOS COM A ARBITRAGEM TRIBUTÁRIA | 87

O princípio da eficiência tributária é variável no tempo e no espaço. Não é princípio de conteúdo unívoco, mas dinâmico. A administração tributária deve se adequar as mudanças sociais, sob pena de perder em eficiência. Se o contexto é de sociedade de massas, a administração tributária também deve aplicar uma gestão de massas. Por outro lado, a falta de previsibilidade da sociedade de riscos clama por uma pluralidade metodológica, própria da jurisprudência dos valores e do Estado Constitucional de Direito. Por tais razões, o princípio da eficiência tributária deve ser abordado no contexto da sociedade de riscos e com fundamento na jurisprudência de valores.[131]

Nesse quadro, a arbitragem se apresenta como instrumento altamente salutar para trazer efetividade ao sistema tributário, já que possibilita outros meios de se aumentar as receitas públicas, sem que se aumente a carga tributária.[132] É preciso recolher o tributo já existente ao invés de criar novas formas de tributação, sob pena de se violar o próprio princípio da igualdade, ao promover novas formas de tributação que assolem os bons contribuintes e, por via oblíqua, privilegiem contribuintes que se esquivam às exações estatais, incorrendo-se em flagrante injustiça.

A atual situação do Poder Judiciário vai na contramão do que manda o princípio da eficiência. E não se alegue que a política desenvolvida pelo Conselho Nacional de Justiça a fim de obrigar os membros do Poder Judiciário a cumprirem metas com a finalidade de solucionar o caos judicial seja exemplo de eficiência. Muito embora metas de números e prazos possam representar meios para se aferir a produtividade dos juízes, eles não significam que a resposta judicial seja eficiente. O estado ideal de coisas da eficiência é o atingimento da finalidade proposta com a utilização de meios menos onerosos. Logo, o mero andamento ou sentenças de extinção de centenas de processos tributários não significa que esses processos terão fim, mas, a depender do caso, se prolongarão a perder de vista com a finalidade de postergar a liquidação dos prejuízos, seja pelo fisco, seja pelo contribuinte.

---

[131] ALMEIDA FILHO, Jorge Celso Fleming de. Princípio da eficiência tributária: contribuições para a construção de uma administração tributária mais eficiente no Brasil. 2013. Dissertação (Mestrado em Direito) – Faculdade de Direito, Universidade do Estado do Rio de Janeiro, Rio de Janeiro, p. 38.

[132] OLIVEIRA, Bruno Bastos de. Arbitragem tributária: gatilho para racionalização do contencioso fiscal e a consequente promoção do desenvolvimento econômico nacional. 2018. Tese (Doutorado em Ciências Jurídicas) – Faculdade de Direito, Universidade Federal da Paraíba, João Pessoa, 2018. p. 82.

Agrega-se a isso o fato de as matérias tributárias serem extremamente complexas, demandando tempo de estudo e apreciação por parte dos julgadores, sobretudo num contexto de uma sociedade extremamente complexa na era dos riscos e das redes. O Judiciário, em contrapartida, não está acostumado e muitas vezes peca na solução de conflitos extremos, gerando, via de consequência, mais custos às partes envolvidas, de modo a vilipendiar o princípio da eficiência.

Caminha nesse sentido o entendimento de Natalia De Nardi Dacomo, para quem a arbitragem também representa uma concretização do princípio da eficiência, posto que importa em redução do tempo para a solução dos conflitos, menor número de diligências, custas advocatícias e judiciais mais baixas, bem como a probabilidade de produção da coisa julgada.[133]

Cabe ao Estado promover uma prestação jurisdicional célere e eficiente, o que é irremediavelmente impossível atualmente sem a utilização de meios alternativos para a busca da pacificação social. Por óbvio que a arbitragem sozinha não será a solução para os problemas, mas, sem dúvidas, é um dos instrumentos aptos a promover o estado ideal de coisas objetivado pelo princípio da eficiência.

3.4 Princípio da legalidade

O princípio da legalidade certamente é um dos princípios mais elementares do Estado Democrático de Direito, haja vista que é somente por meio de normas jurídicas expedidas pelo Poder Legislativo que podem ser criados, modificados e extintos direitos e obrigações.

Importante traçar, ainda que em linhas gerais, os principais papéis que a legalidade desempenhou em determinados períodos históricos. Embora tenha reminiscências muito anteriores,[134] foi com o advento da Magna Carta de 1215 que se consagrou a legalidade como ideia de concordância com a tributação, pois os impostos só poderiam ser exigidos por meio de assembleias representativas, denotando, portanto, que o tributo era um sacrifício que a coletividade consentia.[135]

---

[133] DACOMO, Natalia de Nardi. *Direito tributário participativo:* transação e arbitragem administrativas da obrigação tributária. São Paulo: Quartier Latin, 2009. p. 235.

[134] SCHOUERI, Luis Eduardo. *Direito tributário*. São Paulo: Saraiva, 2019. p. 592.

[135] XAVIER, Alberto. *Os princípios da legalidade e da tipicidade da tributação*. São Paulo: Revista dos Tribunais, 1978. p. 6-7.

Entre os séculos XVII a XIX, com o surgimento das revoluções liberais-burguesas, a legalidade adquiriu uma feição mais cerrada, ligada à ideia de previsibilidade, de modo que os contribuintes poderiam saber exatamente quais os tributos aos quais estariam sujeitos.

Já no século XX, com a experiência da Constituição de Weimar e, posteriormente, com a instauração de regimes totalitários que devastaram o mundo sob o auspício das leis, o princípio da legalidade adquire nova roupagem, demandando para sua concretização que se realizem os valores e desígnios constitucionais.

Neste cenário, surge uma denominada crise da legalidade, posto que, em decorrência do pós-positivismo, teria havido uma demasiada alocação de poder ao Judiciário e este decidiria de acordo os princípios que considera mais importante, em detrimento das leis.

No influxo das constituições democráticas do século XX que a Constituição de 1988 foi promulgada e, nessa onda, consagrou o princípio da legalidade em seu art. 5º, II, estabelecendo que "ninguém será obrigado a fazer ou deixar de fazer alguma coisa senão em virtude de lei".

Em relação ao sistema constitucional tributário, a Constituição Federal trouxe no art. 150, I e III, alíneas "a" e "b" e § 6º, dispositivos que são verdadeiras limitações ao poder de tributar:

> Art. 150. Sem prejuízo de outras garantias asseguradas ao contribuinte, é vedado à União, aos Estados, ao Distrito Federal e aos Municípios:
> I - exigir ou aumentar tributo sem lei que o estabeleça;
> [...]
> III - cobrar tributos:
> a) em relação a fatos geradores ocorridos antes do início da vigência da lei que os houver instituído ou aumentado;
> b) no mesmo exercício financeiro em que haja sido publicada a lei que os instituiu ou aumentou;
> [...]
> § 6º Qualquer subsídio ou isenção, redução de base de cálculo, concessão de crédito presumido, anistia ou remissão, relativos a impostos, taxas ou contribuições, só poderá ser concedido mediante lei específica, federal, estadual ou municipal, que regule exclusivamente as matérias acima enumeradas ou o correspondente tributo ou contribuição, sem prejuízo do disposto no art. 155, § 2.º, XII, g.

Em razão disso, a instituição, a majoração e a extinção de tributos, além do estabelecimento de subsídios, isenções, reduções da base de cálculo, concessões de crédito presumido, anistias ou remissões, relativas a impostos, taxas ou contribuições, somente poderão ocorrer se em conformidade com norma expedida pelo Poder Legislativo.

A legalidade é ínsita ao Estado de Direito, garantindo que os cidadãos possam concordar com os desígnios do Estado. Luís Eduardo Schoueri observa essa excepcionalidade da relação tributária de concordância:

> Em matéria tributária, o Princípio da Legalidade é anterior mesmo ao Estado de Direito. É o direito de concordar com a tributação e controlar o modo como os recursos arrecadados são empregados. Mesmo em regimes ditatoriais, a matéria tributária foi excepcionada, preservando-se o princípio de que a cobrança de um tributo é condicionada à concordância prévia dos contribuintes, diretamente ou por meio de seus representantes.[136]

Heleno Taveira Torres,[137] indo além, aduz que no Estado Constitucional de Direito o princípio da legalidade não se satisfaz com a mera conformidade do tributo à lei, como ocorrera outrora no Estado de Direito, pois tal conformação não basta para explicar de forma suficiente os fundamentos da tributação e do sistema tributário. Do Estado Constitucional advém a noção de Constituição material e impõe maiores justificações para a ordem tributária, sobretudo a ordem axiológica presente nos princípios e limitações.

Merecem destaque as observações de Heleno Torres,[138] ainda, em relação ao propalado dever fundamental de pagar tributos, posto que, segundo o autor, enquanto o poder de tributar é limitado pelas competências, a legalidade também é limitada, sobretudo pelos direitos fundamentais, de modo que é redundante falar em dever fundamental de pagar tributos, posto que se está ou diante de um efeito necessário da legalidade ou tal dever inexiste enquanto categoria jurídica autônoma dentro do direito tributário constitucional.

Essas ponderações são importantes na medida em que supor que a Constituição prevê um dever fundamental de pagar tributos seria dizer que a Constituição permite um "estado de sujeição permanente".

---

[136] SCHOUERI, Luís Eduardo. *Direito tributário*. São Paulo: Saraiva, 2019. p. 592.

[137] TORRES, Heleno Taveira. *Direito constitucional tributário e segurança jurídica*: metódica da segurança jurídica do sistema constitucional tributário. 3. ed. rev., atual. e ampl. São Paulo: Thomson Reuters Brasil, 2019. p. 428.

[138] TORRES, Heleno Taveira. *Direito constitucional tributário e segurança jurídica*: metódica da segurança jurídica do sistema constitucional tributário. 3. ed. rev., atual. e ampl. São Paulo: Thomson Reuters Brasil, 2019. p. 457.

Contudo, tal ideia não subsiste, pois, conforme advoga Heleno Torres,[139] os deveres fundamentais, conforme a doutrina defendida por Casalta Nabais, seriam nada mais do que as competências tributárias e seus efeitos, das quais promanam um plexo de obrigações com restrições de diversos matizes sobre os direitos fundamentais e, via de consequência, devem ser controlados à luz do garantismo constitucional. Assim, de magistral relevância as objeções de Heleno Torres sob o prisma da legalidade:

> A exigência de condutas dos cidadãos faz-se segundo os valores e fins constitucionais, os quais, em matéria tributária, acomodam-se no próprio conteúdo do princípio da legalidade, pois todas as obrigações legais podem ser exigidas quando ocorrido o suporte fático previsto em lei. Dito de outro modo, o dever de pagar tributos advém unicamente de fato tipificado em lei.[140]

De se concluir que no Estado Democrático de Direito inexiste a possibilidade de um estado de sujeição permanente, eis que o princípio da legalidade do Estado de Direito, enleado à constitucionalização de outros princípios, garante que os contribuintes só podem ser coagidos às exações e demais obrigações tributárias quando há lei específica previamente estabelecendo as hipóteses sob as quais incidirá.

Outro aporte fundamental ao princípio da legalidade vem do escólio de Humberto Ávila, na esteira de sua teoria dos princípios, para quem a legalidade tem três dimensões: legalidade-regra, legalidade-princípio e legalidade-postulado. Segundo Ávila, o dispositivo constitucional que determina a instituição ou aumento de tributos por meio de lei está na dimensão normativa de regra, posto que manda a adoção de um comportamento, isto é, exige que deve ser seguido o procedimento parlamentar para as exações tributárias. A consequência advinda de tal premissa é que o aplicador deve verificar se a ocorrência fática se enquadra na hipótese normativa, de modo que, razões fiscais, ainda que bem justificadas, não podem superar a obediência às regras.[141]

---

[139] TORRES, Heleno Taveira. *Direito constitucional tributário e segurança jurídica*: metódica da segurança jurídica do sistema constitucional tributário. 3. ed. rev., atual. e ampl. São Paulo: Thomson Reuters Brasil, 2019. p. 458-459.

[140] TORRES, Heleno Taveira. *Direito constitucional tributário e segurança jurídica*: metódica da segurança jurídica do sistema constitucional tributário. 3. ed. rev., atual. e ampl. São Paulo: Thomson Reuters Brasil, 2019. p. 459

[141] ÁVILA, Humberto. Legalidade Tributária Multidimensional. *In:* FERRAZ, Sérgio (coord.). *Princípios e Limites da Tributação*. São Paulo: Quartier Latin, 2005. p. 283-285.

Segundo Ávila, a dimensão normativa de princípio também está presente no dispositivo constitucional que determina que a instituição ou aumento de tributos deve ser feita por meio de lei. É que nessa dimensão de princípio, a Constituição pretende um estado ideal de coisas, isto é, ao ordenar que os tributos sejam instituídos ou aumentados por meio de lei, a Constituição busca realizar um estado de segurança, de estabilidade e de previsibilidade em relação à atuação do Estado. A consequência advinda dessa dimensão normativa é que o aplicador deve verificar quais meios devem ser adotados para que se possa alcançar o estado de coisas pretendido pelo princípio.[142]

Por fim, do mesmo modo que as dimensões anteriores, o dispositivo que manda ser instituído ou aumentado tributo somente por lei, segundo Ávila, também possui a dimensão de postulado. É que a vinculação à lei requer do aplicador racionalidade na sua aplicação, ou seja, o postulado, enquanto norma metódica, serve de fundamento para a desenvoltura hermenêutica disposta ao aplicador. A consequência advinda dessa dimensão normativa é que o intérprete, tendo em vista a regra da legalidade para a instituição e aumento de tributos, não pode criar hipóteses de exação não previstas ou ampliar as já existentes.[143]

Diante da relevância do Princípio da Legalidade no Estado de Direito e, com mais força ainda, nos temas afetos à tributação, tratar da arbitragem impõe irremediavelmente que se investigue se referido princípio apresenta algum óbice aos instrumentos não judiciais de soluções de conflitos.

Luís Eduardo Schoueri entende que, desde que prevista em lei, a arbitragem não viola o Princípio da Legalidade:

> Não há como se afirmar que contraria a Legalidade situação que a própria lei contempla. A circunstância de que a lei pode dispor sobre a extinção do crédito tributário tampouco parece ser questionada pela doutrina. Assim, [...] remissões e anistias, desde que autorizadas por lei, são plenamente aceitáveis.[144]

Assim, havendo previsão legal da sentença arbitral como hipótese de extinção do crédito tributário, entendemos que o Princípio da

---

[142] ÁVILA, Humberto. Legalidade Tributária Multidimensional. *In:* FERRAZ, Sérgio (coord.). *Princípios e Limites da Tributação.* São Paulo: Quartier Latin, 2005. p. 286-287.

[143] ÁVILA, Humberto. Legalidade Tributária Multidimensional. *In:* FERRAZ, Sérgio (coord.). *Princípios e Limites da Tributação.* São Paulo: Quartier Latin, 2005. p. 288-289.

[144] SCHOUERI, Luís Eduardo. *Direito tributário.* São Paulo: Saraiva, 2019. p. 1399.

Legalidade permanece incólume, posto que a Administração vai agir com esteio em tal norma, cabendo ao legislador determinar os limites da arbitragem

Nesse sentido, importa destacar a previsão contida no artigo 146 da Constituição Federal, que trata da necessidade de lei complementar para dispor acerca de normas gerais de direito tributário, especialmente sobre obrigação, lançamento e crédito tributário.

> Art. 146. Cabe à lei complementar:
> I - dispor sobre conflitos de competência, em matéria tributária, entre a União, os Estados, o Distrito Federal e os Municípios;
> II - regular as limitações constitucionais ao poder de tributar;
> III - estabelecer normas gerais em matéria de legislação tributária, especialmente sobre:
> a) definição de tributos e de suas espécies, bem como, em relação aos impostos discriminados nesta Constituição, a dos respectivos fatos geradores, bases de cálculo e contribuintes;
> b) obrigação, lançamento, crédito, prescrição e decadência tributários;
> c) adequado tratamento tributário ao ato cooperativo praticado pelas sociedades cooperativas.
> d) definição de tratamento diferenciado e favorecido para as microempresas e para as empresas de pequeno porte, inclusive regimes especiais ou simplificados no caso do imposto previsto no art. 155, II, das contribuições previstas no art. 195, I e §§ 12 e 13, e da contribuição a que se refere o art. 239.

Compreender o conteúdo deste artigo requer, inicialmente, que se descubra o que são normas gerais em matéria de legislação tributária. Roque Carrazza[145] aduz que, considerando que cada ente federativo possui autonomia político-administrativa e legisla concorrentemente em matéria tributária, as normas gerais são aquelas que devem valer para todas as pessoas jurídicas que compõem a federação, apontando diretrizes básicas, mas jamais podendo veicular peculiaridades.

No mesmo sentido, Sacha Calmon Navarro Coelho[146] demonstra preocupação no sentido de que as normas gerais não podem adentrar no campo das competências tributárias dos entes federativos. O autor aponta, ainda, que o art. 146, III e alíneas, da CF, ao prever

---

[145] CARRAZZA, Roque Antonio. *Curso de direito constitucional tributário*. 32. ed., rev. ampl. a atual. São Paulo: Malheiros, 2019. p. 811-814.

[146] COELHO, Sacha Calmon Navarro. *Curso de direito tributário*. 17. ed. Rio de Janeiro: Forense, 2020. p. 144-145.

exemplificativamente (*numerus apertus*) alguns conteúdos do que são normas gerais pretendeu forçar o reconhecimento da doutrina sobre tais temas, haja vista que, antes disso, havia uma recusa de que seriam normas gerais. Por fim, aduz que o Código Tributário Nacional e, mais especificamente, o Livro II, oferecem uma boa indicação do que são normas gerais.

Nessa quadra, voltando-se para a possibilidade de arbitragem, ao perquirir o artigo 156[147] do Código Tributário Nacional, não se vislumbra nenhuma hipótese, *a priori*, que permita admitir que a sentença arbitral extingue o crédito tributário, haja vista que nem a decisão administrativa irreformável e nem a decisão judicial passada em julgado se coadunam com o conceito de sentença arbitral.

Inobstante esse entendimento inicial de que inexiste previsão no artigo 156 a comportar a sentença arbitral, é essencial investigar se realmente o conteúdo desse dispositivo permite uma interpretação que abranja a extinção do crédito tributário por meio da sentença arbitral ou, em caso negativo, se as hipóteses previstas no artigo 156 são taxativas ou exemplificativas e, em sendo exemplificativas, via de consequência, se há necessidade de lei complementar expedida pela União ou basta que cada ente expeça lei ordinária no âmbito de sua autonomia político-administrativa decorrente do princípio federativo.

Para Luís Eduardo Schoueri,[148] embora o CTN não preveja a possibilidade de extinção do crédito tributário pela arbitragem, o laudo arbitral poderia ser equiparado à decisão administrativa irrevogável, ou seja, estaria abrangido pelo inciso IX do artigo 156. Entretanto, não coadunamos com essa opinião do autor, haja vista que o processo administrativo e o processo arbitral ocorrem em instâncias distintas, com regramentos distintos e, portanto, não intercambiáveis.[149]

---

[147] Art. 156. Extinguem o crédito tributário: I - o pagamento; II - a compensação; III - a transação; IV - remissão; V - a prescrição e a decadência; VI - a conversão de depósito em renda; VII - o pagamento antecipado e a homologação do lançamento nos termos do disposto no artigo 150 e seus §§ 1º e 4º; VIII - a consignação em pagamento, nos termos do disposto no § 2º do artigo 164; IX - a decisão administrativa irreformável, assim entendida a definitiva na órbita administrativa, que não mais possa ser objeto de ação anulatória; X - a decisão judicial passada em julgado; XI – a dação em pagamento em bens imóveis, na forma e condições estabelecidas em lei.

[148] SCHOUERI, Luís Eduardo. *Direito tributário*. São Paulo: Saraiva, 2019. p. 1398.

[149] No mesmo sentido: GIANNETTI, Leonardo Varella. *Arbitragem no direito tributário brasileiro:* possibilidade e procedimentos. 2017. Tese (Doutorado em Direito) – Faculdade Mineira de Direito, Pontifícia Universidade Católica de Minas Gerais, Belo Horizonte, 2017. p. 185.

Marcelo Ricardo Escobar defende que a arbitragem já é permitida pelo CTN, estando prevista como hipótese de extinção do crédito tributário, de modo que seria viável a arbitragem por meio de ato administrativo. Para o autor, a previsão de "decisão passada em julgada" contida nos arts. 141 e 156, X, do CTN já seria suficiente para a extinção do crédito, pois tanto o art. 31 da Lei de Arbitragem Brasileira quanto o art. 515, VII, do CPC, equiparariam a sentença arbitral a título executivo judicial. Diante disso, o autor defende que "trânsito em julgado" é atributo de decisões jurisdicionais e, portanto, abrangendo as sentenças arbitrais.[150]

Inobstante a previsão contida no artigo 31[151] da Lei 9.307/96 conceder a mesma eficácia de decisão judicial à sentença arbitral e que se reconheça caráter jurisdicional à arbitragem, entendemos que não é adequada a compreensão de que o inciso X, do artigo 156 do CTN, comporta a sentença arbitral como hipótese de extinção do crédito tributário.

Não se descuida que a interpretação das normas não é estática e única, mas, ao revés disso, dinâmica e plural, sendo bastante criticada a utilização de hierarquia entre regras de interpretação, pois os métodos devem se intercambiar, influenciando e recebendo influências. Daí a advertência de Paulo de Barros Carvalho de que "a interpretação é um ato de vontade e um ato de conhecimento e que, como ato de conhecimento, não cabe à Ciência do Direito dizer qual é o sentido mais justo ou correto, mas, simplesmente, apontar as interpretações possíveis".[152]

Logo, ao dizer que a decisão arbitral não pode ser compreendida dentro da hipótese "decisão passada em julgado" do inciso X do art. 156 do CTN, não se está se defendendo que o dispositivo deve ser interpretado de forma literal. Ocorre que a inexistência de um critério de interpretação mais importante do que outro não importa em aceitar qualquer interpretação. Há determinados limites semânticos que devem

---

[150] ESCOBAR, Marcelo Ricardo. Viabilização da arbitragem tributária por ato administrativo. *In*: PARO, Giácomo; ESCOBAR, Marcelo Ricardo Wydra; PASQUALIN, Roberto (coord.). *Estudos de arbitragem e transação tributária*. São Paulo: Almedina, 2021. p. 175-176.

[151] Art. 31. A sentença arbitral produz, entre as partes e seus sucessores, os mesmos efeitos da sentença proferida pelos órgãos do Poder Judiciário e, sendo condenatória, constitui título executivo.

[152] CARVALHO, Paulo de Barros. *Curso de direito tributário*. 30 ed. São Paulo: Saraiva, 2019. p. 129.

ser observados sob pena violação ao próprio regime democrático,[153] ou, ainda, conforme Humberto Ávila, embora inexista uma concepção única de interpretação, isso "não quer dizer que a linguagem normativa não contenha núcleos de significação já determinados paulatinamente pela atividade doutrinária e jurisprudencial".[154]

É nesse sentido o entendimento de Leonardo Varella Giannetti:

> O art. 156, X, do CTN prevê que a extinção do crédito tributário se dará por meio de decisão "judicial" (e não apenas jurisdicional) e "passada em julgado" (e não simplesmente definitiva). Esses dois termos em destaque, histórica e tradicionalmente, fazem parte de um jogo de linguagem atrelado ao Poder Judiciário. E a arbitragem, também tradicionalmente, nunca foi utilizada em litígios envolvendo a matéria tributária.[155]

Entender de modo diverso, isto é, realizar uma interpretação que alcance a sentença arbitral por meio da hipótese prevista no inciso X, do CTN, é violar a legalidade em sua dimensão de regra, conforme discorrido anteriormente acerca das dimensões em que a legalidade pode se manifestar (regra, princípio e postulado). Se a regra da legalidade prevê que a extinção do crédito tributário se dará em conformidade com as hipóteses estabelecidas em lei, ao inserir a arbitragem como forma de extinção sem a respectiva previsão normativa, estar-se-á violando sua normatividade, o que não se pode admitir.

Postas tais premissas, é preciso avançar, então, em busca de um veículo para a inserção da arbitragem no sistema, sendo elementar antes, porém, verificar se o rol previsto no artigo 156 do CTN é taxativo ou não.

Nessa quadra, além de Luís Eduardo Schoueri,[156] Luciano Amaro também entende que o rol constante no artigo 156 do CTN não é taxativo, pois, se a lei pode conceder o perdão da dívida tributária, que é o mais, pode também prever outros modos de extinção, que é o menos. A título de exemplo, o autor cita a dação em pagamento, que foi inserida no

---

[153] STRECK, Lenio Luiz. Os limites semânticos e sua importância na e para a democracia. *Revista da Ajuris*, Porto Alegre, v. 41, n. 135, p. 173-187, set. 2014.

[154] ÁVILA, Humberto. *Teoria da segurança jurídica.* 5. ed., rev., atual. e ampl. São Paulo: Malheiros, 2019. p. 268.

[155] GIANNETTI, Leonardo Varella. *Arbitragem no direito tributário brasileiro*: possibilidade e procedimentos. 2017. Tese (Doutorado em Direito) – Faculdade Mineira de Direito, Pontifícia Universidade Católica de Minas Gerais, Belo Horizonte, 2017. p. 189.

[156] SCHOUERI, Luís Eduardo. *Direito tributário*. São Paulo: Saraiva, 2019. p. 1398.

CTN por meio da Lei Complementar 104/2001, bem como a confusão e a novação que não está listada no CTN.[157]

Andrea Mascitto, embora entenda que a legislação existente já permita a utilização de arbitragem no âmbito tributário, sobretudo com base no inciso X do artigo 156 do CTN, defende a necessidade de lei complementar para garantir maior segurança tanto para o Fisco quanto para os contribuintes. A proposta da autora é que sejam promovidas alterações nos seguintes artigos do Código Tributário Nacional:

> *(i)* 151, 156, que tratam da suspensão e extinção do crédito tributário respectivamente;
> *(ii)* 171 que autoriza à lei facultar a transação entre Fisco e contribuintes instituir; e
> *(iii)* eventualmente, também o artigo 170-A, que veda a compensação de tributo contestado judicialmente antes de findo o processo.[158]

Roque Carrazza, ao discorrer sobre as normas gerais em matéria de legislação tributária, embora não mencione expressamente o artigo 156 do CTN, entende que não cabe à lei complementar disciplinar o modo como as pessoas políticas deverão tratar de assuntos relacionados à obrigação, lançamento, crédito, prescrição e decadência tributários, pois os princípios federativo e da autonomia municipal incidem com alta intensidade no poder de tributar, de modo a impedir a interferência da União por meio de legislação complementar.[159] Disso, depreende-se que, para o autor, outras hipóteses de extinção do crédito tributário, como é o caso da sentença arbitral, poderão ser veiculadas por meio de leis ordinárias de cada ente federativo.

Nesse sentido, restou consignado no voto vencedor do Ministro Relator Alexandre de Moraes na ADI 2.405/RS,[160] que "a Constituição não reservou à lei complementar o tratamento das modalidades de extinção e suspensão dos créditos tributários, à exceção da prescrição e decadência, previstos no art. 146, III, 'b', da CF". É assente para a Corte a

---

[157] AMARO, Luciano. *Direito tributário brasileiro*. 18. ed. São Paulo: Saraiva, 2012. p. 497.

[158] MASCITTO, Andrea. Requisitos institucionais para a arbitragem entre fisco e contribuintes no Brasil: necessidade de norma geral. *In*: PISCITELLI, Tathiane; MASCITTO, Andréa; MENDONÇA, Priscila Faricelli (coord.). *Arbitragem tributária*: desafios institucionais brasileiros e a experiência portuguesa. 2. ed. rev., atual. e ampl. São Paulo: Thomson Reuters Brasil, 2019. p. 143.

[159] CARRAZZA, Roque Antonio. *Curso de direito constitucional tributário*. 32. ed., rev. ampl. a atual. São Paulo: Malheiros, 2019, p. 816.

[160] ADI 2405/RS, Relator(a): Alexandre de Moraes, Tribunal Pleno, j. 20.09.2019, Processo eletrônico DJe-215, Divulg. 02.10.2019, Public. 03.10.2019.

autonomia dos entes federativos acerca da disposição das modalidades suspensivas e extintivas do crédito tributário:

> Portanto, como norma geral, o CTN previu, nos arts. 151 e 156, as hipóteses de suspensão e extinção de créditos tributários, porém isso não impede que os Estados, dentro do seu âmbito de atuação legislativa concorrente e com base na teoria dos poderes implícitos, possam regulamentar e estabelecer formas de extinção de seus créditos tributários.[161]

Assim, poderia se concluir, com base em robusta doutrina e entendimento do STF, que, em decorrência da autonomia dos entes políticos, a veiculação da arbitragem por meio de leis ordinárias próprias desses entes seria suficiente para a extinção do crédito tributário.[162] Ocorre que esse modo de instituição da arbitragem levanta outro problema, que é a competência privativa da União para legislar sobre processo civil, no qual a arbitragem está inserida.[163]

Desse modo, a nosso ver, embora seja prescindível a especificação, por meio de lei complementar,[164] para que a extinção da obrigação

---

[161] ADI 2405/RS, Relator(a): Alexandre de Moraes, Tribunal Pleno, j. 20.09.2019, Processo eletrônico DJe-215, Divulg. 02.10.2019, Public. 03.10.2019.

[162] LISBOA, Julcira Maria de Mello Vianna; ABROSIO, Claudia Cristina dos Santos; GRIPP, Mateus de Muzio; STRUPENI, Yvone. A decisão judicial passada em julgado como instrumento de extinção do crédito tributário: considerações atuais. *In*: LISBOA, Julcira Maria de Mello Vianna; ABROSIO, Claudia Cristina dos Santos (org.). *Extinção da obrigação tributária na teoria e na prática*: uma visão multidisciplinar. São Paulo: Quartier Latin, 2021. p. 256: "Para que a sentença arbitral seja apta, portanto, a extinguir crédito tributário, basta a existência de lei ordinária, atribuindo-lhe os efeitos equivalentes àqueles inerentes à decisão judicial. Situação jurídica que, de fato, já ocorre, consoante art. 31 da referida Lei n. 9.307 de 1996, que determina: 'a sentença arbitral produz, entre as partes e seus sucessores, os mesmos efeitos da sentença proferida pelos órgãos do Poder Judiciário e, sendo condenatória, constitui título executivo' [...]. Isto posto, parece-nos clara, pois, a aptidão da decisão meritória proferida em procedimento arbitral para extinguir crédito tributário, desde que haja, concomitantemente, leis *stricto sensu* das pessoas políticas que sinalizem inequívoco ato de vontade pela submissão de suas relações tributária a esse regime alternativo de solução de litígios".

[163] GIANNETTI, Leonardo Varella. *Arbitragem no direito tributário brasileiro*: possibilidade e procedimentos. 2017. Tese (Doutorado em Direito) – Faculdade Mineira de Direito, Pontifícia Universidade Católica de Minas Gerais, Belo Horizonte, 2017. p. 205.

[164] LIMA, Bernardo. *A arbitrabilidade do dano ambiental*. São Paulo: Atlas, 2010. "Está claro, mais uma vez, que não é correto obstaculizar o acesso do Estado à arbitragem sob o fundamento de que só pode a Administração Pública agir *secundum legem*, como se fosse necessário, para cada passo que o Poder Público dá, a elaboração de uma lei específica. Relativamente à arbitragem, está cada vez mais sacramentada a ideia de que o Estado pode litigar em juízos arbitrais, sob autorização da normativa geral de arbitragem estabelecida no ordenamento jurídico brasileiro, a qual não oferece nenhuma vedação, nem sequer subliminar, à participação do Poder Público em procedimentos arbitrais. O crédito tributário possui um núcleo verdadeiramente indisponível, na medida em que

CAPÍTULO 3
PRINCÍPIOS CONSTITUCIONAIS RELACIONADOS COM A ARBITRAGEM TRIBUTÁRIA | 99

tributária se dê por sentença arbitral, entendemos ser imprescindível a edição de lei nacional estabelecendo como se dará o procedimento arbitral – por se tratar de Direito Processual e, portanto, atribuição da União (CF, art. 22, I) – para aqueles entes políticos que concordarem, por meio de lei específica, em submeter seus litígios tributários à solução pela via arbitral.

3.5 Princípio da igualdade

Hodiernamente, a tributação já não está pautada no poder de império do Estado ou na ideia de contraprestação dos gastos do Estado, em decorrência de benefícios auferidos. O dever de pagar tributos vincula-se precipuamente no princípio da capacidade contributiva, que impõe o custeio público em conformidade com capacidade econômica de cada contribuinte.

Embora o princípio da capacidade contributiva se encontre nas dobras do princípio da igualdade, na feliz expressão de Geraldo Ataliba, não decorre exclusivamente deste, estando compreendido, ainda, num triplo fundamento, conforme identifica Herrera Molina:[165] *(i)* princípio da igualdade, do qual decorre a estrutura dogmática do princípio da capacidade contributiva; *(ii)* princípio da solidariedade, do qual advém a ideia de contribuição individual nos gastos públicos; e *(iii)* função social da propriedade.

Inobstante a dificuldade de delimitação apriorística do conteúdo normativo do princípio da capacidade contributiva, é inegável que se trata de um direito fundamental do contribuinte, devendo ser concebido como pressuposto, limite máximo e modulador da tributação.[166]

Assim, importa identificar um outro problema atinente ao tratamento concedido pela doutrina à capacidade contributiva, diretamente ligado ao objeto da presente dissertação. É que ao apurar o modo de atuação do princípio em questão, a doutrina costuma se prender na

---

ao Estado não é facultado doá-lo, comprometê-lo, utilizá-lo para fins diversos que não o interesse público. Por outro lado – está claro o anverso da moeda –, a obrigação tributária possui um núcleo também verdadeiramente disponível, através do qual se autoriza a sua negociação, modo de pagamento, remissão, e, inclusive, anistia".

[165] MOLINA, P. M. Herrera. *Capacidad económica y sistema fiscal*. Madrid: Marcial Pons, 1998. p. 99.

[166] MOSCHETTI, Francesco. Profili General. *In:* MOSCHETTI, Francesco (org.). *La capacità contributiva*. Padova: CEDAM, 1998. p. 3-51.

escolha dos fatos jurídicos tributáveis, isto é, na hipótese de incidência, e na parametrização do que seja justo que cada contribuinte coopere com os custos da despesa pública, ou seja, o primeiro é o aspecto objetivo e o segundo o aspecto subjetivo.

Esquece, porém, a doutrina que, ao concretizar o princípio da igualdade no direito tributário, a capacidade contributiva não pode ficar adstrita à elaboração da norma tributária, devendo ir às últimas consequências, isto é, garantir que a igualdade tributária seja observada também na aplicação da norma e na execução da cobrança, por meio de fiscalização efetiva e isonômica a todos os contribuintes. Gustavo Caldas Guimarães de Campos traduz com maior habilidade o que dissemos acima:

> Podem ser identificadas duas dimensões do princípio da capacidade contributiva: a dimensão negativa, como o direito de cada cidadão de não pagar além da sua capacidade econômica, um direito fundamental caracterizado pela função de defesa que impõe ao Estado o dever de abstenção; e a dimensão positiva, como o direito de exigir que os outros cidadãos também contribuam para o sustento do Estado, de acordo com sua capacidade. Tal raciocínio conduz novamente à ideia de cidadania fiscal, que não se esgota com o dever de sustentar financeiramente o Estado. Além da contribuição em razão e na medida da capacidade contributiva, a cidadania fiscal implica ainda o direito de exigir que os demais contribuintes também o façam.[167]

É, pois, no meio deste cenário que passa o corte metodológico da problemática levantada: o Poder Legislativo edita desenfreadamente inúmeras leis tributárias a fim de alcançar manifestações de riqueza dos contribuintes por todos os lados, enquanto que o Poder Executivo não dá conta de fiscalizar efetivamente as obrigações ou fazendo-o de modo a violar direitos dos contribuintes, até que tudo acabe no Judiciário, seja por meio dos milhares de executivos fiscais, seja por meio das ações antiexacionais, afogando qualquer possibilidade de justiça fiscal.

Esse quadro revela que toda a capacidade contributiva aferida no plano da criação normativa é desprezada na aplicação e execução normativas, posto que, em razão dessa inefetividade, é acachapante a violação da igualdade entre os contribuintes que pagam os tributos voluntariamente e alguns poucos que são alcançados com atos

---

[167] CAMPOS, Gustavo Caldas Guimarães de. *Execução fiscal e efetividade*: análise do modelo brasileiro à luz do sistema português. São Paulo: Quartier Latin, 2009. p. 34-35.

constritivos, e aqueles que logram sorte em se esquivar, gerando incontáveis prejuízos ao erário e à justiça fiscal.

É importante anotar que a vinculação da capacidade contributiva e da igualdade à arbitragem tributária é apenas reflexa, mas não menos importante e, portanto, imprescindível para o deslinde do trabalho. É que a inefetividade do sistema constitucional tributário – e as fases de aplicação e de cobrança executiva devem ser compreendidas como fases do ordenamento fiscal[168] – viola a capacidade contributiva, pois esta tem como um dos seus fundamentos o princípio da igualdade e, quando o Estado é sustentado apenas por parte dos cidadãos que possuem capacidade contributiva, a igualdade é violada, gerando um Estado de injustiça fiscal. Logo, é preciso buscar meios de reparar tais violações, trazendo efetividade às fases de aplicação e execução das leis tributárias. Nesse sentido, os meios alternativos de resolução de conflitos são importantes instrumentos para o estado ideal de coisas buscado pela igualdade tributária, dentro os quais a arbitragem, ora apontado como instrumento de efetividade do sistema constitucional tributário.

3.6 Princípio da segurança jurídica

Acerca de tudo o quanto se expos até agora nesta pesquisa, certamente a segurança jurídica é o seu grande movimento propulsor, pois é ela que garante a efetividade do sistema jurídico, de modo a proteger os direitos e liberdades fundamentais. Forte nisso é que Roque Carrazza[169] alça a segurança jurídica como o próprio fim do sistema constitucional tributário, enquanto Heleno Taveira Torres[170] a projeta como um fim do ordenamento, enquanto efetividade do próprio sistema jurídico.

---

[168] CAMPOS, Gustavo Caldas Guimarães de. *Execução fiscal e efetividade*: análise do modelo brasileiro à luz do sistema português. São Paulo: Quartier Latin, 2009. p. 37-38: "A simples criação de tributos por lei não é capaz, por si só, de atender às metas constitucionais, pois é imprescindível o efetivo ingresso nos cofres públicos. As fases de aplicação da norma tributária (fiscalização) e de cobrança executiva devem ser entendidas como etapas da concretização do ordenamento fiscal. Essas fases integram o sistema nacional e são regidas pelos princípios constitucionais que o informam".

[169] CARRAZZA, Roque Antonio. *Curso de direito constitucional tributário*. 32. ed. rev., ampl. e atual. São Paulo: Malheiros, 2019. p. 344.

[170] TORRES, Heleno Taveira. *Direito constitucional tributário e segurança jurídica*: metódica da segurança jurídica do sistema constitucional tributário. 3. ed. rev., atual. e ampl. São Paulo: Thomson Reuters Brasil, 2019. p. 199.

Sob tal perspectiva, a segurança jurídica deve ser perseguida por todos os poderes do Estado. Ocorre que esses poderes, ao mesmo tempo em que desempenham papéis de garantidores da segurança, são, também, desencadeadores de insegurança jurídica, seja por meio de uma legislação excessiva e complexa, seja pelas práticas cambaleantes da Administração (mudanças de entendimento) ou, ainda, as alterações jurisprudenciais.

Embora pareça contraditória a afirmação acima, ela encontra justificativa no fato de que as falhas são intrinsecamente ligadas àquilo que é construído pelo homem. Diante disso, o próprio sistema constrói mecanismos que permitem contornar e enfrentar suas crises, como é o caso dos princípios da anterioridade, do não confisco[171] e, especificamente, na crise de inefetividade na solução das lides tributárias, os princípios da praticabilidade, da eficiência e da legalidade, sendo que estes, por sua vez, demandam a utilização de instrumentos que lhes conformem, como é o caso da arbitragem, ora defendida.

Antes de prosseguir, contudo, no modo de implicação e relação do princípio em questão com a arbitragem no direito tributário, importa adentrar na difícil missão de definir o que é segurança jurídica.

Para o professor Roque Carrazza, o princípio da segurança jurídica "é uma das manifestações do nosso Estado Democrático de Direito, consagrado já no art. 1º da CF, e visa proteger e preservar as justas expectativas das pessoas. Para tanto, veda a adoção de medidas legislativas, administrativas ou judiciais capazes de frustrar-lhes a confiança que depositam no Poder Público".[172] Depreende-se do escólio do referido professor que a segurança jurídica espraia seus efeitos sobre todos os poderes, de modo que o Estado busque, por todos os seus meios de manifestação, tornar segura a vida de seus cidadãos.

A função do direito é promover a pacificação das relações sociais, de modo a expurgar do âmbito de atuação do Estado qualquer forma de arbitrariedade. Para tanto, utiliza-se da positivação, a fim de conferir certeza e igualdade às relações, que são elementos indispensáveis à segurança jurídica. De se notar, portanto, que são intrinsecamente

---

[171] TAVARES, Gustavo Perez. A morosidade do poder judiciário na resolução de conflitos em matéria tributária como fator de insegurança do sistema constitucional tributário. *Revista Direito Tributário Atual*, São Paulo: IBDT, v. 35, p. 169-194, p. 169-194, 2016. p. 182.

[172] CARRAZZA, Roque Antonio. *Curso de direito constitucional tributário*. 32. ed. rev., ampl. e atual. São Paulo: Malheiros, 2019. p. 344.

ligados à segurança jurídica os ideais de determinação, estabilidade e previsibilidade.[173]

Ricardo Lobo Torres é peremptório ao afirmar que a "segurança jurídica é certeza, e garantia dos direitos é paz".[174] Conforme aduz esse autor, a segurança jurídica ganha fundamental relevância no Estado de Direito enquanto valor, haja vista que o capitalismo e o liberalismo demandavam a presença de elementos afetos ao patrimonialismo, como a certeza, a calculabilidade, a legalidade e a objetividade das relações jurídicas, assim como a previsibilidade na atuação estatal.[175]

Heleno Taveira Torres,[176] ao abordar meticulosamente a segurança jurídica no contexto do sistema constitucional tributário, busca apartá-la do princípio do Estado de Direito, pois, segundo o autor, no âmbito do Estado Democrático de Direito, a segurança jurídica, ao lado de outros direitos fundamentais, como a inviolabilidade à vida, à liberdade e à propriedade, exige novas dimensões de concretização, sobretudo na sua acepção material, de modo que não subsiste mais a ideia de segurança jurídica apenas como decorrência do Estado de Direito.

Heleno Torres[177] ainda oferece outro argumento para firmar seu entendimento de que a segurança jurídica não pode ser apreendida como derivativa do Estado de Direito. É que a própria noção de Estado de Direito não fornece contornos precisos de conteúdo, bastando atentar-se para as expressões que buscam exprimir o modelo de Estado atual, como "Estado legal", "Estado liberal", "Estado social", "Estado democrático", "Estado constitucional", "Estado Democrático-Constitucional de Direito". Diante disso, o professor da Universidade de São Paulo refuta a importação da tese concebida pelo Tribunal Constitucional Alemão, de que a segurança jurídica seria uma consequência do Estado de Direito:

> Sem negar a profunda conexão entre estes [segurança jurídica e Estado de Direito], porquanto toda a *segurança jurídica formal* reconduz-se aos

---

[173] CARRAZZA, Roque Antonio. *Curso de direito constitucional tributário*. 32. ed. rev., ampl. e atual. São Paulo: Malheiros, 2019. p. 345.

[174] TORRES, Ricardo Lobo. *Tratado de direito constitucional financeiro e tributário*: valores e princípios constitucionais tributários. 2. ed. Rio de Janeiro: Renovar, 2014. p. 164.

[175] TORRES, Ricardo Lobo. *Tratado de direito constitucional financeiro e tributário*: valores e princípios constitucionais tributários. 2. ed. Rio de Janeiro: Renovar, 2014. p. 164.

[176] TORRES, Heleno Taveira. *Direito constitucional tributário e segurança jurídica*: metódica da segurança jurídica do sistema constitucional tributário. 3. ed. rev., atual. e ampl. São Paulo: Thomson Reuters Brasil, 2019. p. 136.

[177] TORRES, Heleno Taveira. *Direito constitucional tributário e segurança jurídica*: metódica da segurança jurídica do sistema constitucional tributário. 3. ed. rev., atual. e ampl. São Paulo: Thomson Reuters Brasil, 2019. p. 137.

elementos estruturais do Estado de Direito (tripartição dos poderes, certeza da legalidade, irretroatividade etc.), firma-se aqui o entendimento de que a Constituição de um Estado Democrático de Direito incorpora o *princípio da segurança jurídica material*, com força vinculante de autoaplicabilidade (e.g., nosso art. 5º, § 2º, da CF), com funções de garantia de certeza jurídica, estabilidade sistêmica e confiança legítima, tanto para proteção da previsibilidade da legalidade quanto para a concretização dos direitos fundamentais. Em vista disso, antes que simples derivação, a segurança jurídica transmuda-se em "meio" de efetividade da justiça e de preservação do sistema constitucional, na sua integridade, especializando-se segundo os subsistemas de diferenciação, como é o caso do Sistema Constitucional Tributário, com efeitos inclusive contra a atuação dos órgãos do Estado ou suas competências.[178] (grifo do autor).

Essas lições apreendidas do escólio de Heleno Taveira Torres dão fundamento e força às ideias desenvolvidas neste trabalho, pois, diante de um quadro de tamanha crise enfrentada pelo Direito Tributário, decorrente de uma época pautada por riscos e complexidades, o princípio da segurança jurídica, antes de ser apenas um fim do Estado de Direito (segurança jurídica formal) – permitindo, portanto, que a situação caótica das lides tributárias continue como está, posto que tanto o Judiciário quanto o Executivo, embora inefetivos, estariam atuando em prol da busca de tal fim –, é um meio de busca da justiça, tornando-se um meio de efetividade do subsistema constitucional tributário e um direito fundamental que deve ser concretizado.

Importa mencionar, ainda, a definição de uma proposta funcional da segurança jurídica tributária oferecida por Torres[179] como sendo "princípio-garantia constitucional que tem por finalidade proteger direitos decorrentes das expectativas de confiança legítima na criação ou aplicação das normas tributárias, mediante certeza jurídica, estabilidade do ordenamento ou efetividade de direitos e liberdades fundamentais".

Assim, a segurança jurídica, ao conjugar suas dimensões formal e material, promove a certeza do direito por meio de sua estrutura sistêmica e a efetividade dos direitos e liberdades fundamentais,

---

[178] TORRES, Heleno Taveira. *Direito constitucional tributário e segurança jurídica*: metódica da segurança jurídica do sistema constitucional tributário. 3. ed. rev., atual. e ampl. São Paulo: Thomson Reuters Brasil, 2019. p. 143-144.

[179] TORRES, Heleno Taveira. *Direito constitucional tributário e segurança jurídica*: metódica da segurança jurídica do sistema constitucional tributário. 3. ed. rev., atual. e ampl. São Paulo: Thomson Reuters Brasil, 2019. p. 207-208.

emergindo dessa confluência total a segurança jurídica como fim do ordenamento enquanto efetividade do próprio sistema jurídico[180].

Ainda na doutrina, outro autor que trabalha primorosamente o tema da segurança jurídica é Humberto Ávila,[181] que, ao destrinchar vários aspectos e dimensões da segurança jurídica, identifica-a como um princípio, isto é, norma jurídica da espécie norma-princípio, pois, segundo o autor, "pelo exame da sua estrutura e das suas partes constituintes, verifica-se que ela determina a proteção de um ideal de coisas cuja realização depende de comportamentos, muitos dos quais já previstos expressamente". Ainda segundo Ávila, o fato de ser qualificada como norma não subtrai sua dimensão axiológica de princípio, mas apenas indica que, enquanto princípio, veicula um valor com acentuado grau de concretização.

Com base na Constituição Federal de 1988, Ávila realiza um exame do aspecto material da segurança jurídica, demonstrando que a segurança denota um estado de cognoscibilidade, confiabilidade e calculabilidade.

Em relação ao estado de cognoscibilidade denotado na segurança, ao invés de determinação, Ávila apresenta razões de duas ordens: teóricas e normativas. As razões teóricas são em razão da indeterminação da linguagem, de modo que inexistem significados totalmente prontos antes da realização da atividade interpretativa, embora o autor advirta que isso não significa que a linguagem normativa não possua um núcleo de determinação próprio, construído pela doutrina e jurisprudência. Já em relação às razões normativas que impõem a cognoscibilidade, ao invés da determinação, atinem à necessidade de conjugação de vários princípios para a aplicação de uma norma.

No que toca ao estado de confiabilidade, ao invés da mutabilidade, Ávila anota que, embora a presença de cláusulas pétreas denote rigidez constitucional, a Constituição de 1988 pressupõe que haja mudanças e, portanto, o desenvolvimento social não diminui sua confiabilidade. No entanto, essas mutações devem acontecer de forma que sejam asseguradas a estabilidade e continuidades da norma, pois "os direitos de propriedade e liberdade pressupõem um mínimo de permanência das regras válidas como condição para que o homem possa livremente

---

[180] TORRES, Heleno Taveira. *Direito constitucional tributário e segurança jurídica*: metódica da segurança jurídica do sistema constitucional tributário. 3. ed. rev., atual. e ampl. São Paulo: Thomson Reuters Brasil, 2019. p. 198-199.

[181] ÁVILA, Humberto. *Teoria da segurança jurídica*. 5. ed., rev., atual. e ampl. São Paulo: Malheiros, 2019. p. 267-268.

plasmar a sua própria vida, e o direito à profissão carece de durabilidade das condições de vida".[182]

Por fim, em relação ao estado de calculabilidade, ao invés de previsibilidade (absoluta), eis que não é possível saber com antecedência a totalidade dos conteúdos normativos. A Constituição contém uma série de instrumentos aptos a permitir saber com antecedência a atuação do Estado, mas é próprio do Direito, enquanto linguagem, a indeterminação, de modo que a construção de sentido passa por processos de argumentação que impedem essa antecipação de univocidade do seu conteúdo.[183]

Postas essas considerações doutrinárias, temos que a situação presente nas lides tributárias revela um verdadeiro estado de insegurança jurídica. Os três poderes que, conforme Ávila,[184] deveriam garantir a segurança jurídica em razão da eficácia imediata dos direitos fundamentais, são os causadores da crise.

O Poder Legislativo promove insegurança ao criar um excessivo número de leis, inclusive, na maioria das vezes, ao arrepio do interesse da sociedade e em prol do interesse de determinadas categorias, bem como ao editar leis vagas e genéricas, e transferindo ao Executivo a função que lhe compete. O Poder Executivo também promove insegurança ao se imiscuir na atividade legislativa, ao induzir comportamentos nos contribuintes e quebrar essas expectativas. Do mesmo modo, o Poder Judiciário é agente de insegurança quando promove revisões sedimentadas na jurisprudência, quando não é capaz de responder tecnicamente à altura dos conflitos que lhe são demandados, quando não concretiza o princípio da celeridade processual, como, por exemplo, ao demorar mais de vinte anos para dar uma resposta aos contribuintes acerca da incidência de determinada exação tributária.

Especificamente acerca da morosidade no Judiciário partilhamos do entendimento de Gustavo Perez Tavares:

> A morosidade do Judiciário não é causa de insegurança jurídica exclusiva do direito tributário, mas nos parece ser neste campo onde ela atua com maior gravidade, tendo em vista ser, nas execuções fiscais, o maior índice de congestionamento dos nossos tribunais. Com efeito, essa

---

[182] ÁVILA, Humberto. *Teoria da segurança jurídica.* 5. ed., rev., atual. e ampl. São Paulo: Malheiros, 2019. p. 269.

[183] ÁVILA, Humberto. *Teoria da segurança jurídica.* 5. ed., rev., atual. e ampl. São Paulo: Malheiros, 2019. p. 270.

[184] ÁVILA, Humberto. *Teoria da segurança jurídica.* 5. ed., rev., atual. e ampl. São Paulo: Malheiros, 2019. p. 276.

morosidade afeta a segurança jurídica das relações tributárias, o seu ritmo de mudança, e a posição, cada vez maior, do contribuinte como primeiro intérprete da norma tributária.[185]

É, pois, dentro desse cenário caótico que o próprio sistema dispõe de mecanismos para o enfrentamento das crises causadoras de insegurança. O princípio da praticabilidade, por exemplo, a nosso ver, é um mecanismo que revela que, se as normas processuais tributárias estão causando insegurança em razão da falta de resolução dos processos, é preciso buscar instrumentos que tornem as normas e o sistema como um todo mais otimizáveis. Disso não destoa o princípio da eficiência, sendo outro mecanismo que direciona para um caminho que supere o estado de insegurança presente nas lides tributárias.

Esses princípios, ora chamados de mecanismos, que atuam em prol da contenção da crise e do alcance da segurança jurídica,[186] mandam que se busquem instrumentos para a concretização do estado ideal de coisas. Nesse quadro, poderiam ser apontados alguns instrumentos, seja ainda na fase administrativa, seja na fase judicial, sendo que, para o corte metodológico do presente trabalho, optou-se pelo método alternativo de resolução de conflitos denominado arbitragem.

3.7 Princípio da supremacia e indisponibilidade do interesse público

Certamente a indisponibilidade do interesse público em torno do crédito tributário é o tema que mais aparece nas discussões envolvendo a arbitragem no direito tributário. De um lado, há os que entendem pela impossibilidade de submissão do crédito tributário à arbitragem em razão de que este não seria suscetível de disposições, pois o interesse público estaria cedendo em face do interesse particular; por outro lado, os defensores da arbitragem levantam uma série de razões pelas

---

[185] TAVARES, Gustavo Perez. A morosidade do poder judiciário na resolução de conflitos em matéria tributária como fator de insegurança do sistema constitucional tributário. *Revista Direito Tributário Atual*, São Paulo, v. 35, p. 169-194, 2016. p. 182.

[186] Nesse sentido: MELO, Fabio Soares de. *Processo administrativo tributário*: princípios, vícios e efeitos jurídicos. 2. ed., rev. e atual. Porto Alegre: Livraria do Advogado, 2018. p. 40: "o princípio da segurança jurídica em matéria tributária objetiva, principalmente, zelar e garantir pela aplicação e efetividade dos demais princípios que regulam o Direito, de modo a limitar a atuação dos entes políticos em suas esferas de atuação, por meio da subordinação à sua estrita observância."

quais não haveria violações ao interesse público, desde as distinções entre interesse público primário e secundário até a afirmação de que o interesse público está na efetiva arrecadação do crédito, seja por meio judicial, seja por meios alternativos. É o que se passa a analisar.

O princípio da indisponibilidade do interesse público, ligado ao princípio da supremacia do interesse público sobre o particular,[187] é tido como um pilar do Direito Administrativo, tratado por muitos como verdadeiro dogma, do que se extrai a quase intocabilidade da coisa pública – pelo menos, em tese. Não se olvida que tal característica seja tão pungente em nosso regime jurídico-administrativo em razão da relação de administração, magistralmente cunhada por Cirne Lima, no influxo do princípio republicano,[188] a fim de impossibilitar quaisquer atentados contra a *res publica*.

A prevalência, num primeiro momento, dos interesses coletivos sobre os interesses privados é explicada, sob o viés da teoria moral, a partir de duas perspectivas que, embora distintas, possuem certas similaridades, quais sejam: o organicismo e o utilitarismo. De outro lado, o individualismo, de fundo liberal, dá fundamento à supremacia incondicionada dos interesses privados sobre os coletivos.[189]

O organicismo considera o indivíduo intrinsecamente parte do todo social, de modo que o bem individual só se realiza a partir da efetivação do bem comum. Logo, os interesses do todo devem prevalecer sobre os interesses particularizados. Essa ideologia, modernamente desenvolvida por Hegel, serviu de fundamento teórico aos maiores regimes totalitários que assolaram a humanidade no Século XX (nazifascismo e comunismo), pois, fundados na premissa de que a felicidade deve ser constituída a partir de um fenômeno coletivo, alçou-se o Estado ao objetivo supremo dos indivíduos.[190]

Nessa perspectiva, Gustavo Binenbojm aponta a incompatibilidade de tal raciocínio com o Estado Democrático de Direito, pautado na dignidade humana, que trata cada pessoa com uma finalidade em si mesmo e não, portanto, como meio para o alcance de uma finalidade

---

[187] DI PIETRO, Maria Sylvia Zanella. *Direito administrativo.* 33. ed. Rio de Janeiro: Forense, 2020. p. 135.

[188] JUSTEN FILHO, Marçal. *Curso de direito administrativo.* 10. ed. rev., atual. e ampl. São Paulo: Revista dos Tribunais, 2014. p. 150.

[189] BINENBOJM, Gustavo. *Uma teoria do direito administrativo:* direitos fundamentais, democracia e constitucionalização. 3 ed. rev. e atual. Rio de Janeiro: Renovar, 2014. p. 83-84.

[190] BINENBOJM, Gustavo. *Uma teoria do direito administrativo:* direitos fundamentais, democracia e constitucionalização. 3 ed. rev. e atual. Rio de Janeiro: Renovar, 2014. p. 84.

do Estado. O autor não defende que haja uma oposição entre interesses transindividuais e interesses particulares, haja vista que os primeiros são essenciais para a vida em sociedade, mas devem ser aferidos com bases proporcionais e razoáveis.[191]

O utilitarismo, conforme anotado linhas atrás, também tido por fonte da supremacia do interesse público sobre o privado, é a concepção que pretende solucionar problemas sociopolíticos por meio de uma equação, em que se busca promover a solução de acordo com o maior número de indivíduos que serão beneficiados, ou seja, inexiste a ideia do todo coletivo do organicismo, mas tão somente a busca pelo maior número de pessoas que serão beneficiadas.[192]

Os conflitos entre os interesses individuais são solucionados pelo utilitarismo por meio do sacrifício de determinados indivíduos em face de outros, numericamente maiores, já que, segundo essa visão, não seria moralmente justificável a instituição de privilégios para uma minoria em face da maioria. Tal concepção também é repudiada por Gustavo Binenbojm, posto se tratar de uma ética puramente consequencialista, sendo que "a lógica do sistema de direitos fundamentais não é a da maximização dos interesses do maior número possível de indivíduos, mas a da preservação e promoção dos valores morais sobre os quais se erigem noções como a de dignidade da pessoa humana, ainda quando contraproducentes de um ponto de vista puramente utilitário".[193]

Diante de tal panorama, a ideia de supremacia de um interesse público sobre o particular, galgada no organicismo e no utilitarismo, não se mostra compatível com o Estado democrático de direito, haja vista que a própria noção de democracia é forjada por um ideal moral de autogoverno e baseado na igualdade entre os indivíduos. Assim, ao adotar esse modelo de Estado, a Constituição brasileira rejeitou as teorias morais referidas linhas atrás, privilegiando um sistema de direitos fundamentais, em que os conflitos devem ser resolvidos por meio de ponderação e que, portanto, o interesse público deve ser o

---

[191] BINENBOJM, Gustavo. *Uma teoria do direito administrativo:* direitos fundamentais, democracia e constitucionalização. 3 ed. rev. e atual. Rio de Janeiro: Renovar, 2014. p. 85.

[192] BINENBOJM, Gustavo. *Uma teoria do direito administrativo:* direitos fundamentais, democracia e constitucionalização. 3 ed. rev. e atual. Rio de Janeiro: Renovar, 2014. p. 85-86.

[193] BINENBOJM, Gustavo. *Uma teoria do direito administrativo:* direitos fundamentais, democracia e constitucionalização. 3 ed. rev. e atual. Rio de Janeiro: Renovar, 2014. p. 87.

resultado de ponderações entre os interesses particulares e os interesses da coletividade e não a prevalência apriorística de uns sobre os outros.[194]

Não obstante as críticas apontadas, consagrou-se na doutrina e jurisprudência a existência implícita na Constituição de um princípio da supremacia do interesse público sobre o particular, considerado um pilar do regime jurídico administrativo.

É na pena do professor Celso Antonio Bandeira de Mello que o princípio da indisponibilidade do interesse público ganha seu mais forte matiz doutrinário. Para esse autor, o interesse público é uma projeção dos interesses individuais em um plano coletivo.[195]

> A indisponibilidade dos interesses públicos significa que, sendo interesses qualificados como próprios da coletividade – internos ao setor público –, não se encontram à livre disposição de quem quer que seja, por inapropriáveis. O próprio órgão administrativo que os representa não tem disponibilidade sobre eles, no sentido de que lhe incumbe apenas curá-los – o que é também um dever – na estrita conformidade do que predispuser a *intentio legis*.[196]

Nesse mesmo sentido, segue-se uma gama expressiva da doutrina e da jurisprudência que sustentam a existência desse princípio como algo pacificado e sem maiores contestações.

Maria Sylvia Zanella Di Pietro, após referência ao pensamento de Celso Antonio Bandeira de Mello, assevera:

> Precisamente por não dispor dos interesses públicos cuja guarda lhes é atribuída por lei, os poderes atribuídos à Administração têm o caráter de poder-dever; são poderes que ela não pode deixar de exercer, sob pena de responder pela omissão. Assim, a autoridade não pode renunciar ao exercício das competências que lhe são outorgadas por lei; não pode deixar de punir quando constate a prática de ilícito administrativo; não pode deixar de exercer o poder de polícia para coibir o exercício dos direitos individuais em conflito com o bem-estar coletivo; não pode deixar de exercer os poderes decorrentes da hierarquia; não pode fazer liberalidade com o dinheiro público. Cada vez que ela se

---

[194] BINENBOJM, Gustavo. *Uma teoria do direito administrativo:* direitos fundamentais, democracia e constitucionalização. 3 ed. rev. e atual. Rio de Janeiro: Renovar, 2014. p. 88.

[195] BANDEIRA DE MELLO, Celso Antonio. *Curso de Direito Administrativo.* 32. ed. rev. e atual. São Paulo: Malheiros, 2014. p. 60-61.

[196] BANDEIRA DE MELLO, Celso Antonio. *Curso de Direito Administrativo.* 32. ed. rev. e atual. São Paulo: Malheiros, 2014. p. 76.

omite no exercício de seus poderes, é o interesse público que está sendo prejudicado.[197]

De tais ideias, em virtude da natureza dos bens que cuidam, o direito administrativo e o direito tributário são largamente alcançados pelo princípio da indisponibilidade e supremacia do interesse público sob o influxo do princípio republicano, haja vista que os bens da coletividade não podem ser tratados como se pertencessem a um particular.

3.7.1 Interesse público primário e interesse público secundário

Evoluindo na busca do que seja o interesse público, Renato Alessi aponta importante divisão entre o interesse público privado e o interesse público secundário:

> Estes interesses públicos coletivos, os quais a Administração deve zelar pelo cumprimento, não são, note-se bem, simplesmente interesses da Administração entendida como uma entidade jurídica de direito próprio. Trata-se, ao invés disso, do que tem sido chamado de interesse coletivo primário, formado por todos os interesses prevalecentes em uma determinada organização jurídica da coletividade, enquanto o interesse da entidade administrativa é simplesmente secundário, de modo que pode ser realizado apenas no caso de coincidência com o interesse coletivo primário. A peculiaridade da posição jurídica da Administração Pública reside precisamente no fato de que, embora seja, como qualquer outra pessoa jurídica, proprietária de um interesse secundário pessoal, a sua função precípua não é realizar esse interesse secundário, pessoal, mas sim promover o interesse coletivo, público, primário. Assim, o interesse secundário, da entidade administrativa, pode ser realizado, como qualquer outro interesse secundário individual, apenas no caso e na medida em que coincida com o interesse público.[198]

Referida distinção foi adotada pelo professor Celso Antonio Bandeira de Mello:

---

[197] DI PIETRO, Maria Sylvia Zanella. *Direito administrativo*. 33. ed. Rio de Janeiro: Forense, 2020. p. 224.

[198] ALESSI, *apud* ARAGÃO, Alexandre Santos de. A arbitragem no Direito Administrativo. *Revista da AGU*, Brasília, DF, v. 16, n. 03, p.19-58, jul./set. 2017.

Também assim melhor se compreenderá a distinção corrente da doutrina italiana entre interesses públicos ou interesses primários – que são os interesses da coletividade como um todo – e interesses secundários, que o Estado (pelo só fato de ser sujeito de direito) poderia ter como qualquer outra pessoa, isto é, independentemente de sua qualidade de servidor de interesses de terceiros: os da coletividade.[199]

Tal divisão surge para depurar aquilo que realmente interessa à coletividade como um todo daquilo que interessa apenas ao Estado enquanto patrimônio[200] e que serve de fundamento para a admoestação de Eros Grau, de que "indisponível é o interesse público primário, não o interesse da Administração".[201]

Em estudo sobre a divisão do interesse público no Direito Tributário, Tathiane Piscitelli pontua de forma clara as diferenças entre as duas instâncias:

> O interesse público primário se relaciona com o uso da tributação para a persecução dos fins do Estado – trata-se de assegurar que a estrutura tributária irá garantir formas justas de tributação, destinação correta dos recursos e formas institucionais de acesso à justiça que viabilizem o debate sobre a observância material dos valores constitucionalmente previstos. De outro lado, o interesse público secundário estaria vinculado com o interesse arrecadatório, que se identifica com o interesse da administração tributária em específico.[202]

O interesse público secundário, enquanto atividade arrecadatória, serviria, então, para operacionalizar o interesse público primário. Nesse sentido, é que, muitas vezes, ocorreria a suplantação do interesse secundário com a finalidade de viabilizar o interesse primário, como ocorre, por exemplo, nas isenções, permitindo o acesso da população a

---

[199] BANDEIRA DE MELLO, Celso Antonio. *Curso de Direito Administrativo*. 32. ed. rev. e atual. São Paulo: Malheiros, 2014. p. 76

[200] BOSSA, Gisele Barra; VASCONCELLOS, Mônica Pereira Coelho de. Arbitragem tributária e a reconstrução do interesse público. *In:* PISCITELLI, Tathiane; MASCITTO, Andréa; MENDONÇA, Priscila Faricelli (coord). *Arbitragem tributária:* desafios institucionais brasileiros e a experiência portuguesa. 2. ed. rev., atual. e ampl. São Paulo: Thomson Reuters Brasil, 2019. p. 49.

[201] GRAU, Eros Roberto. Arbitragem e contrato administrativo. *Revista da Faculdade de Direito da Universidade Federal do Rio Grande do Sul*, Porto Alegre, v. 21, mar. 2002. p. 146.

[202] PISCITELLI, Thatiane. Arbitragem no direito tributário: uma demanda do Estado Democrático de Direito. *In:* PISCITELLI, Tathiane; MASCITTO, Andréa; MENDONÇA, Priscila Faricelli (coord.). *Arbitragem tributária:* desafios institucionais brasileiros e a experiência portuguesa. 2. ed. rev., atual. e ampl. São Paulo: Thomson Reuters Brasil, 2019. p. 192.

determinados bens de consumo, de modo a prestigiar valores extremamente sensíveis previstos na Carta Magna. E, veja-se, tais mecanismos, não ferem, absolutamente, o interesse público, mas, ao revés disso, viabilizam-no.

3.7.2 Críticas ao princípio da supremacia e da indisponibilidade do interesse público

A partir da Constituição de 1988, passa a haver uma guinada na doutrina, não se admitindo mais a ideia de um "princípio" da supremacia do interesse público sobre o privado, o que, via de consequência, afeta o princípio da indisponibilidade do interesse público, já que intrinsecamente ligados. Nesse sentido, Odete Medauar[203] assevera que "esse 'princípio', se algum dia existiu, está ultrapassado", pelos seguintes motivos: *(i)* a Constituição de 1988 privilegia os direitos fundamentais, sendo incompatível a invocação de uma supremacia do interesse público; *(ii)* diante da Constituição de 1988 impõe-se a ponderação de interesses presentes em determinada situação, de modo a minimizar sacrifícios; *(iii)* o princípio da proporcionalidade impõe soluções menos absolutas para os fins perquiridos; *(iv)* a maioria da doutrina contemporânea não traz a indicação da existência do "princípio" em questão.

Marçal Justen Filho disseca quatro objeções ao princípio da supremacia e da indisponibilidade do interesse público, sendo que a primeira objeção reside no fato de que inexiste um fundamento jurídico único, isto é, a existência do princípio em questão não pode ocasionar a nulidade dos demais princípios existentes. O sistema constitucional comporta uma pluralidade de princípios e não estabelece uma hierarquia entre eles, de modo que não se pode falar em supremacias jurídicas absolutas.[204]

É, pois, nesse influxo de ideias que é preciso ter em vista que, ao lado da supremacia e da indisponibilidade do interesse público, existem princípios que portam um estado de coisas ideal, tais quais os princípios da eficiência, da praticabilidade, da igualdade, da capacidade contributiva e da segurança jurídica, e que demandam a adoção de

---

[203] MEDAUAR, Odete. *Direito administrativo moderno*. 21. ed. Belo Horizonte: Fórum, 2018. p. 128

[204] JUSTEN FILHO, Marçal. *Curso de direito administrativo*. 10. ed. rev., atual. e ampl. São Paulo: Revista dos Tribunais, 2014. p. 151.

medidas para sua efetividade, dentre as quais a arbitragem tributária se apresenta como um interessante instrumento.

A segunda objeção apontada por Marçal Justen Filho é de que inexiste um interesse público unitário, posto que os conflitos que podem surgir no âmbito do regime de direito administrativo não são apenas entre interesses públicos e interesses privados, mas entre interesses igualmente públicos, de modo que ao se generalizar o conceito de interesse público acaba-se por inutilizá-lo.[205]

Esse ponto é nodal no que se refere à utilização da arbitragem no direito tributário: diante da burocracia e da ineficiência do Estado em promover a solução dos conflitos e aumentar a arrecadação de receita, é preferível submeter tais conflitos à resolução por um árbitro legitimado legalmente – ainda que venham ocorrer alterações no valor e no modo de recebimento do crédito tributário – ou deixar que tais valores permaneçam por décadas sem utilidade e, pior, com o risco de jamais serem recuperados?

Nos parece que a primeira opção é a mais acertada. E isso com fundamento nos princípios que sustentam o sistema constitucional tributário, pois, além da possibilidade de maior efetividade na arrecadação de receita, se abre mais uma porta[206] para a facilitação de acesso à justiça e da pacificação social, que não é outra coisa senão a função última do direito.

Voltando às objeções de Marçal Justen Filho, em sua terceira objeção o autor aponta a contraposição entre direitos e interesses, posto que não poderia existir um "conflito" entre interesse público e direito subjetivo privado. No caso de uma posição jurídica subjetiva que atribua um direito subjetivo determinado sujeito pode exigir uma conduta específica em relação a outro sujeito. Já o interesse não

---

[205] JUSTEN FILHO, Marçal. *Curso de direito administrativo*. 10. ed. rev., atual. e ampl. São Paulo: Revista dos Tribunais, 2014. p. 152.

[206] DIDIER JÚNIOR, Fredie; ZANETI JÚNIOR, Hermes. Justiça multiportas e tutela constitucional adequada: autocomposição em direitos coletivos. *In*: ZANETI JÚNIOR, Hermes; CABRAL, Trícia Navarro Xavier. *Justiça multiportas*: mediação, conciliação, arbitragem e outros meios de solução adequada para conflitos. Salvador: Juspodivm, 2016. p. 36: "o processo civil está passando por uma radical transformação. A justiça estatal clássica, adjudicada pelo juiz, não é mais o único meio adequado para a solução de conflitos. Ao lado desta justiça de porta única, surgem novas formas de acesso: a justiça se torna uma justiça multiportas. Nesta nova justiça, a solução judicial deixa de ter a primazia nos litígios que permitem a autocomposição e passa a ser a *ultima ratio, extrema ratio*. Assim, do acesso à justiça dos tribunais passamos ao acesso dos direitos pela via adequada de composição, da mesma forma que, no campo do processo, migramos da tutela processual, como fim em si mesmo, para tutela dos direitos, como finalidade do processo".

comporta a atribuição de uma conduta específica de um sujeito em relação a outro, sendo, na verdade, "uma relação de conveniência e adequação que deriva reflexamente da disciplina normativa".[207] Nesse diapasão, Justen Filho nega qualquer possibilidade de prevalência de um interesse público sobre um direito subjetivo, pois a existência de um direito público subjetivo revela a pungência que a ordem jurídica concede àquela situação jurídica.

Nesse sentido, os meios alternativos de resolução de conflitos são formas de efetividade do acesso à justiça, que nada mais são do que um direito público subjetivo e, portanto, conforme Justen Filho, inexiste a prevalência apriorística de um suposto interesse público sobre o direito público subjetivo de acesso à justiça.

A quarta objeção oposta por Justen Filho à denominada supremacia e indisponibilidade do interesse público é de que inexiste um conteúdo do que seja "interesse público", haja vista sua natureza de conceito jurídico indeterminado. O autor faz referência, ainda, ao pensamento de Tércio Sampaio Ferraz Junior, de que o "interesse público é lugar-comum" e que, por isso, dispensaria uma definição mais clara, de modo a propiciar maior eficiência em sua utilização, o que, para Justen Filho é um grave defeito e não uma vantagem.[208]

Diante de tal crise conceitual, o referido autor propõe, inicialmente, uma conceituação negativa do que seja interesse público, isto é, excluindo-se alguns interesses que não poderiam ser considerados como interesse público. Assim, para o autor não podem ser confundidos com o interesse público: *(i)* o interesse do Estado, pois a confusão entre interesse público e interesse do Estado acabaria gerando um raciocínio circular – é público porque é do Estado e é do Estado porque é público;[209] *(ii)* o interesse do aparato administrativo, pois o Estado, na posição jurídica subjetiva (sujeito de direitos), é portador de interesses tal qual um sujeito privado e, portanto, baseado na conveniência;[210] *(iii)*

---

[207] JUSTEN FILHO, Marçal. *Curso de direito administrativo*. 10. ed. rev., atual. e ampl. São Paulo: Revista dos Tribunais, 2014. p. 153.

[208] JUSTEN FILHO, Marçal. *Curso de direito administrativo*. 10. ed. rev., atual. e ampl. São Paulo: Revista dos Tribunais, 2014. p. 155.

[209] JUSTEN FILHO, Marçal. *Curso de direito administrativo*. 10. ed. rev., atual. e ampl. São Paulo: Revista dos Tribunais, 2014. p. 155. Segundo o autor: "não é possível definir interesse público a partir da identidade do seu titular, sob pena de inversão lógica e axiológica. O equívoco está em que o Estado existe para satisfazer as necessidades coletivas. O Estado Democrático é instrumento de realização dos interesses públicos. Ou seja, o interesse público existe *antes* do Estado."

[210] JUSTEN FILHO, Marçal. *Curso de direito administrativo*. 10. ed. rev., atual. e ampl. São Paulo: Revista dos Tribunais, 2014. p. 156. Nesse ponto, o autor faz referência ao pensamento de

o interesse do agente público, já que o desempenho da função pública não pode ser afetada pelos interesses privados daqueles que a exercem; *(iv)* o interesse da sociedade, posto que, se o interesse da sociedade for compreendido como a vontade geral dos indivíduos, o resultado da soma das unidades será suplantado;[211] *(v)* o interesse da totalidade dos sujeitos privados, pois, nesse sentido, seria necessário que a totalidade dos particulares tivessem interesses semelhantes, o que é impossível, já que bastaria que apenas um indivíduo divergisse para que o interesse público não fosse alcançado; *(vi)* o interesse da maioria dos sujeitos privados, pois, de um lado, geraria a opressão da maioria em face das minorias e, de outro, transformaria interesses coletivos e difusos, de natureza privada, em supostamente de interesse público.[212]

A doutrina é farta de autores que fazem coro às objecções levantadas por Marçal Justen Filho. Nesse sentido, Odete Medauar é enfática:

Renato Alessi, que divide o interesse público em primário e secundário: "esses interesses do aparato estatal não podem ser reconhecidos como 'interesse público'. Configura-se a distinção apontada por Renato Alessi entre 'interesse público primário' e 'interesse secundário', difundida no Brasil por Celso Antonio Bandeira de Mello. É imperioso ter em vista que nenhum 'interesse público' configura-se como 'conveniência egoística da administração pública'. O chamado 'interesse secundário' (Alessi) ou 'interesse da Administração Pública' não é público. Ousa-se afirmar que nem ao menos são 'interesses', na acepção jurídica do termo. São meras conveniências circunstanciais, alheias ao direito. Somente para os interesses privados e no âmbito da atividade privada é que se admite a busca pela maior vantagem possível, mas sempre respeitados os limites do direito. Essa conduta não é admissível para o Estado."

[211] JUSTEN FILHO, Marçal. *Curso de direito administrativo*. 10. ed. rev., atual. e ampl. São Paulo: Revista dos Tribunais, 2014. p. 156-157: "embora a sociedade não se confunda com os indivíduos que a integram, a tese não pode ser aceita em virtude de sua natureza antidemocrática. Gera a possibilidade de reconhecer como interesse público algo desvinculado de qualquer interesse individual concreto. A desvinculação entre a dimensão individual e o interesse público contém o germe do autoritarismo. É o primeiro passo para o reconhecimento de interesses supraindividuais de configuração totalitária e cuja lamentável afirmação se verificou nos regimes do nacional-socialismo alemão e do stalinismo."

[212] JUSTEN FILHO, Marçal. *Curso de direito administrativo*. 10. ed. rev., atual. e ampl. São Paulo: Revista dos Tribunais, 2014. p. 157-158: "numa democracia, o *interesse público* não pode ser apenas o interesse da maioria da população. Isso acarretaria a destruição dos interesses das minorias. E um Estado Democrático caracteriza-se pela tutela tanto dos interesses das maiorias como das minorias. A vontade da maioria é preponderante dentro de certos limites, eis que também se protegem os interesses da minoria, tudo segundo parâmetros constitucionalmente fixados. [...] Por outro lado, a concepção do interesse público como interesse da maioria transforma em interesse público todos os interesses comuns da maioria do povo, o que é incorreto. Basta um exemplo para demonstrar a improcedência do raciocínio. Suponha-se que a maioria do povo brasileiro seja aficionada por futebol. Daí não pode ser extraído que o futebol deva subordinar-se ao regime de direito público. Não há interesse público numa partida de futebol, ainda que a maioria do povo tenha grande interesse no assunto."

Não se mostra adequado invocar tal princípio como impedimento à realização de acordos, à utilização de práticas consensuais e da arbitragem pela Administração. Na verdade, o interesse público realiza-se plenamente, sem ter sido deixado de lado, na rápida solução de controvérsias, na conciliação de interesses, na adesão de particulares às suas diretrizes, sem os ônus e a lentidão da via jurisdicional.[213]

Nessa ordem de ideias, ainda, as ponderações de Carlos Ari Sundfeld e Jacintho Arruda Câmara, ao advertirem que o princípio da indisponibilidade do interesse público não é um princípio-regra, mas sim um princípio-valor:

> O princípio da indisponibilidade do interesse público não estabelece propriamente um dever ou proibição. Não configura o que a doutrina costuma denominar de *princípio-regra*. Trata-se de um *princípio-valor*, que encarna uma ideia comum a todo o sistema normativo que o compõe o Direito Administrativo. Sua função não é a de prescrever condutas, mas sim apontar um traço característico daquele conjunto de normas, contribuindo para sua compreensão e posterior interpretação.[214]

Enquanto um princípio-valor, a indisponibilidade do interesse público representa o filtro que deve permear a atuação de todos aqueles que lidam com a coisa pública, já que não podem dispor daquilo que não lhes pertence. Noutras palavras, a atuação do administrador deve ser pautada na lei, gerindo os interesses da coletividade expressos por meio da atividade legislativa. E isso, na linha do que vem se defendendo neste trabalho, não confronta, de forma alguma, a possibilidade de submissão de lides tributárias à arbitragem, mas coalesce com a satisfação do interesse público por meio da incrementação da arrecadação tributária e da pacificação dos conflitos.

Com efeito, não coadunamos com a ideia de que nosso sistema comporta uma norma apriorística – seja princípio, seja regra – elegendo o interesse público como prevalente sobre o particular. É que, como lembra Gustavo Binenbojm, nosso sistema estabelece a centralidade dos direitos fundamentais previstos na Constituição e uma estrutura maleável dos princípios, de modo que a noção de interesse público

---

[213] MEDAUAR, Odete. *Direito administrativo moderno*. 21. ed. Belo Horizonte: Fórum, 2018. p. 129.

[214] SUNDFELD, Carlos Ari; CÂMARA, Jacintho Arruda. O Cabimento da Arbitragem nos Contratos Administrativos. *Revista de Direito Administrativo*, [s. l.], n. 248, p. 117-126, 2008. p. 119-120.

pode estar atrelada tanto à preservação dos direitos fundamentais, quanto à limitação desses direitos em favor da coletividade, sendo que, em última análise, será por meio da ponderação que o legislador e a Administração Pública poderão encontrar o maior grau de otimização do interesse envolvido.

3.7.3 O interesse público e a arbitragem nas lides tributárias

Muito embora não discordemos das críticas lançadas ao denominado princípio da supremacia e indisponibilidade do interesse público, ao tratar do crédito tributário há que se levar em consideração a própria essência vinculante do ato administrativo de lançamento tributário, que é o instrumento que concretiza a obrigação tributária e não está à mercê de eventuais discricionariedades da Administração no sentido de realizar transações, remissões, cancelamentos ou perdões. Isso não significa que tais eventos não poderão ser empregados ao crédito tributário, haja vista que o próprio Código Tributário Nacional, no artigo 156, os posta como causas extintivas. Ocorre que a utilização de tais modificações no lançamento tributário deve seguir estritamente os parâmetros trazidos pela legislação.

Queremos significar com isso que há um grau de indisponibilidade, sim, no crédito tributário, mas impõe-se a compreensão do seu significado mais exato, e, nesse sentido, cremos que a aventada indisponibilidade atine com a obrigatoriedade de que os interesses maiores do Estado prevaleçam sobre aqueles dos agentes públicos e dos particulares. Deflui disso que, na verdade, ao invés de falarmos em indisponibilidade do crédito tributário, devemos dizer que o crédito tributário está atrelado compulsória e inafastavelmente a um vínculo de interesse, de modo que, se um agente público atuar em desvio de finalidade, violando o interesse público, não o estará dispondo, mas desprezando uma norma que prevê que o interesse público deveria prevalecer.[215]

A partir dessas ideias, a (in)disponibilidade do crédito tributário sob os auspícios do interesse público não deve ser vista como algo que o

---

[215] SALLES, Carlos Alberto de. A indisponibilidade e a solução consensual de controvérsias. *In:* GABBAY, Daniela Monteiro; TAKAHASHI, Bruno. *Justiça Federal:* inovações nos mecanismos consensuais de solução de conflitos. Brasília: Gazeta Jurídica, 2014. p. 214.

torna imodificável. Ao revés disso, o interesse público deve servir como vínculo compulsório e inafastável para qualquer manejo que se faça em relação ao crédito tributário, sobretudo para que não seja deixado ao talante do Poder Executivo. Essa vinculação compulsória e inafastável de interesse público é o que já ocorre – ou deveria ocorrer – em relação às transações, remissões, parcelamentos, anistias, moratórias etc.

Verificamos, portanto, que a disponibilidade do crédito tributário é uma disponibilidade condicionada. Expliquemos melhor. Carlos Alberto de Salles,[216] a partir da origem e das consequências jurídicas produzidas, distingue a indisponibilidade em duas modalidades básicas, quais sejam, indisponibilidade material e indisponibilidade normativa.

Para explicar a indisponibilidade material, é preciso ter em mente que uma determinada relação, para os conceitos propostos, é qualificada entre bens e sujeitos, de modo que a indisponibilidade está atrelada a certas categorias de bens, os quais estão proibidos de terem sua titularidade originária modificada. A regra, na relação entre bem e sujeito, é a disponibilidade, sendo a indisponibilidade a exceção, posto que os bens jurídicos, de forma geral, podem ter sua titularidade modificada. Então, excepcionalmente, algumas modalidades de bens não podem ter sua titularidade alterada, seja por vontade das partes ou mesmo decisão judicial, em razão de ser vedada a disposição sobre eles.[217] Carlos Alberto de Salles aponta certa celeuma que se faz entre os conceitos:

> Algumas vezes, confundem-se bens cuja disponibilidade é condicionada a requisitos de forma ou substância com bens indisponíveis por natureza. É o que ocorre em relação aos bens imóveis de incapazes, quanto à necessidade de autorização judicial para sua alienação. Também em relação aos bens públicos, como será demonstrado a seguir, sua alienação se sujeita a procedimentos necessários para esse fim. Nesses casos não há propriamente uma indisponibilidade, mas apenas uma disponibilidade condicionada, indicando a necessidade de observância de determinadas condições para se realizar a transferência da titularidade do bem.
>
> Há, no entanto, bens efetivamente indisponíveis por razão de sua própria natureza ou por especial proteção jurídica que se lhes empresta. É o caso

---

[216] SALLES, Carlos Alberto de. A indisponibilidade e a solução consensual de controvérsias. *In:* GABBAY, Daniela Monteiro; TAKAHASHI, Bruno. *Justiça Federal:* inovações nos mecanismos consensuais de solução de conflitos. Brasília: Gazeta Jurídica, 2014. p. 212.

[217] SALLES, Carlos Alberto de. A indisponibilidade e a solução consensual de controvérsias. *In:* GABBAY, Daniela Monteiro; TAKAHASHI, Bruno. *Justiça Federal:* inovações nos mecanismos consensuais de solução de conflitos. Brasília: Gazeta Jurídica, 2014. p. 212.

daqueles tipicamente coletivos, caracterizados por sua indivisibilidade e de sua atribuição a uma coletividade de sujeitos. Nesse caso, qualquer modificação quanto à atribuição coletiva do bem gera uma alteração em sua própria natureza, com consequência de justiça distributiva. Mesmo não sendo o único, o meio ambiente é o exemplo mais completo de indisponibilidade nos direitos coletivos.[218]

Já a indisponibilidade normativa refere-se ao âmbito de aplicabilidade de determinadas normas jurídicas, podendo ser distinguidas entre cogentes e dispositivas. Nas palavras de Carlos Alberto de Salles:

> A indisponibilidade, nesse caso, volta-se a proteger a própria efetividade da norma, não um bem materialmente considerado. Dessa forma, exerce uma função dirigida ao próprio sistema jurídico e institucional envolvido. A indisponibilidade não se justifica em qualquer posição subjetiva, ainda que, de forma indireta, algum sujeito passivo possa vir a ser por ela beneficiado. [...]
> Considere-se, por exemplo, a garantia constitucional obrigando à imediata comunicação da prisão de uma pessoa ao juiz competente. Embora essa norma seja dirigida a beneficiar ao preso, no caso de relaxamento da prisão ilegal, trata-se de norma indisponível ou cogente, cuja observância se faz, antes, em benefício do próprio sistema, pouco importando para sua efetivação a vontade do sujeito beneficiado. Não se submete a sua esfera de disponibilidade o cumprimento do dispositivo. Seria de inteira invalidade qualquer declaração do beneficiado no sentido de dispensar essa providência constitucionalmente prevista.[219]

Parece-se nos, portanto, que a ideia de disponibilidade condicionada se coaduna sistematicamente com as disposições trazidas pelo Código Tribunal Nacional, eis que o Código já elenca uma série de eventos que poderão alterar o valor a pagar, como a remissão, moratória, transação, parcelamentos, anistia etc. A suposta indisponibilidade do crédito tributário não se coaduna ao conceito de indisponibilidade material, como mencionado alhures, pois, diante de determinadas condicionantes legais, poderá ser extinto por meio de hipóteses que,

---

[218] SALLES, Carlos Alberto de. A indisponibilidade e a solução consensual de controvérsias. *In:* GABBAY, Daniela Monteiro; TAKAHASHI, Bruno. *Justiça Federal:* inovações nos mecanismos consensuais de solução de conflitos. Brasília: Gazeta Jurídica, 2014. p. 212-213.

[219] SALLES, Carlos Alberto de. A indisponibilidade e a solução consensual de controvérsias. *In:* GABBAY, Daniela Monteiro; TAKAHASHI, Bruno. *Justiça Federal:* inovações nos mecanismos consensuais de solução de conflitos. Brasília: Gazeta Jurídica, 2014. p. 213-214.

claramente, importam em disponibilidade, mas uma disponibilidade condicionada.

Nessa esteira, para Schoueri,[220] se é possível que a legislação permita a remissão do crédito tributário, a arbitragem encontra razão maior ainda para ser permitida, sendo que, em ambos os casos, cabe ao legislador enunciar os limites e circunstâncias em que aplicáveis.

Betina Treiger Grupenmacher[221] pontua que o art. 3º da Lei n. 13.140/2015 prevê que os direitos indisponíveis que admitam transação podem se submeter ao julgamento arbitral, de modo que "sendo certo que o artigo 171 do CTN autoriza a transação em matéria tributária, embora indisponível, as disputas que envolvem tributos admitem, portanto, a arbitragem, sendo apenas necessária lei que a autorize".

Eros Grau[222] é cirúrgico ao apontar que a característica da arbitragem de dirimir conflitos patrimoniais disponíveis não impede que a Administração a utilize para a mesma finalidade, haja vista que "não há qualquer correlação entre disponibilidade ou indisponibilidade de direitos patrimoniais e disponibilidade ou indisponibilidade de interesse público", arrematando que a Administração "inúmeras vezes deve dispor de direitos patrimoniais, sem que com isso esteja a dispor do interesse público, porque a realização deste último é alcançada mediante a disposição daqueles".

De acordo com esse autor, a presença da Administração numa lide não pode significar, portanto, a impossibilidade de disposição do direito. E, conforme pontuado anteriormente, no âmbito tributário há diversas hipóteses de disponibilidade condicionada do crédito tributário, como ocorre na transação, no parcelamento, na isenção etc. Logo, a arbitragem seria apenas mais uma dessas hipóteses e, assim como as demais, plenamente justificável, sendo que o interesse público primário é a utilização da arrecadação para a promoção dos fins que competem ao Estado, enquanto o interesse público secundário é o interesse meramente arrecadatório da Administração.

A partir das premissas delineadas, é possível afirmar que a utilização da arbitragem como meio alternativo para a solução de

---

[220] SCHOUERI, Luís Eduardo. Arbitragem no Direito Tributário Internacional. *Revista Direito Tributário Atual*, São Paulo, n. 23, p. 302-320, 2009. p. 317.

[221] GRUPENMACHER, Betina Treiger. Arbitragem e transação em matéria tributária. *In*: PISCITELLI, Tathiane; MASCITTO, Andréa; MENDONÇA, Priscila Faricelli (coord.). *Arbitragem tributária*: desafios institucionais brasileiros e a experiência portuguesa. 2. ed. rev., atual. e ampl. São Paulo: Thomson Reuters Brasil, 2019. p. 199.

[222] GRAU, Eros Roberto. Arbitragem e contrato administrativo. *Revista da Faculdade de Direito da Universidade Federal do Rio Grande do Sul*, Porto Alegre, v. 21, mar. 2002. p. 147-148.

controvérsias tributárias não significa disposição de interesse público, primeiro, porque a arbitragem tributária não é, necessariamente, a negociação do crédito tributário, como ocorre nos meios autocompositivos de solução de conflitos; segundo, porque, escorando-se nas lições enunciadas anteriormente, a realização do interesse público – arrecadação tributária para cumprimento dos fins estatais – é alcançada mediante a disposição do crédito tributário ◉ entendendo-se disponibilidade como a possibilidade de um terceiro julgar uma lide tributária sob uma série de condições dispostas em lei.

O administrador deve gerir a coisa pública da maneira que melhor atenda o interesse público, sendo que, inúmeras vezes ◉ como já ocorre no âmbito dos contratos administrativos ◉ o interesse público é a disponibilidade condicionada dos direitos patrimoniais e, no que tange ao crédito tributário, tal disponibilidade tem por fito a própria arrecadação, haja vista a série de circunstâncias que a impossibilitam de modo efetivo e prático.

CAPÍTULO 4

OBRIGAÇÃO TRIBUTÁRIA

Os capítulos anteriores cuidaram de expor o problema da contingência no direito tributário, bem como estabelecer as premissas teóricas do trabalho, dentre as quais o tratamento de sistema dado ao direito e, via de consequência, as implicações daí advindas. Outrossim, foram pontuados determinados princípios presentes no sistema e que se relacionam com a possível existência de uma arbitragem em matéria tributária. Por fim, no presente capítulo, pretende-se traçar um breve panorama em torno da positivação do direito tributário, enfrentando-se as normas atinentes à obrigação tributária e de que modo uma aventada arbitragem poderia ser inserida em tal contexto positivo.

4.1 Norma jurídica tributária

4.1.1 Estrutura normativa

O fenômeno jurídico está presente onde houver mais de uma pessoa. O Direito é inerente a qualquer sociedade organizada, posto que existe para regular as condutas das pessoas pertencentes a determinado grupo. É para isso que se criam leis, decretos, portarias, enfim, todos os enunciados prescritivos que compõem o ordenamento jurídico.

Ocorre que os fatos sociais, por si só, não produzem efeitos jurídicos, isto é, se não houver o relato na linguagem jurídica própria um evento poderá ser, no máximo, um fato social, mas não um fato jurídico. Toma-se mão de exemplo esclarecedor do Professor Paulo de

Barros Carvalho:[223] o nascimento de uma criança inexiste juridicamente enquanto não houver o devido registro pelo oficial do cartório. Tal registro nada mais é que a expedição de uma norma jurídica, em que o antecedente é o nascimento e o consequente é a série de relações jurídicas que serão titularizadas pelo recém-nascido.

Assim, compreender o direito enquanto um conjunto de normas válidas demanda conhecer tais normas e, sobretudo, saber o que é uma norma jurídica. Logo, imprescindível que uma ciência que tome por objeto o direito positivo enfrente uma teoria da norma jurídica.

Paulo de Barros Carvalho[224] ensina a diferença elementar entre texto de direito positivo e norma jurídica, haja vista que esta última é produto de uma operação mental proveniente da percepção do mundo fenomênico por meio dos sentidos. Nas palavras do ilustre professor, "uma coisa são os enunciados prescritivos, isto é, usados na função pragmática de prescrever condutas; outras, as normas jurídicas, como significações construídas a partir dos textos positivados e estruturadas consoante a lógica dos juízos condicionais, compostos pela associação de duas ou mais proposições prescritivas".

Conforme se depreende da última parte do excerto, a norma jurídica não é tão somente uma significação construída a partir de um enunciado isolado. Ela reclama uma estruturação mínima para ter um sentido deôntico, que é a forma hipotético-condicional. Paulo de Barros Carvalho é preciso em suas lições:

> As normas jurídicas têm a organização interna das proposições condicionais, em que se enlaça determinada consequência à realização de um fato. Dentro desse arcabouço, a hipótese refere-se a um fato de possível ocorrência, enquanto o consequente prescreve a relação jurídica que se vai instaurar, onde e quando acontecer o fato cogitado no suposto normativo. Reduzindo complexidades, podemos representar a norma jurídica da seguinte forma: $H \rightarrow C$, onde a hipótese (H) alude à descrição de um fato e a consequência (C) prescreve os efeitos jurídicos que o acontecimento irá provocar, razão pela qual se fala em descritor e prescritor, sendo o primeiro para designar o antecedente normativo e o segundo para indicar seu consequente.[225]

---

[223] CARVALHO, Paulo de Barros. *Direito tributário*: linguagem e método. 7. ed. rev. São Paulo: Noeses, 2018. p. 521.

[224] CARVALHO, Paulo de Barros. *Direito tributário*: linguagem e método. 7. ed. rev. São Paulo: Noeses, 2018. p. 136.

[225] CARVALHO, Paulo de Barros. *Direito tributário*: linguagem e método. 7. ed. rev. São Paulo: Noeses, 2018. p. 143-144.

No mesmo sentido, a explicação de Aurora Tomazini de Carvalho:

> Todas as regras do sistema têm idêntica esquematização formal: uma proposição-hipótese "H", descritora de um fato (f) que, se verificado no campo da realidade social, implicará como proposição-consequente "C", uma relação jurídica entre dois sujeitos (S' R S"), modalizada com um dos operadores doentios (O, P, V). Nenhuma norma foge a esta estrutura, seja civil, comercial, penal, tributária, administrativa, constitucional, processual, porque sem ela a mensagem prescritiva é incompreensível.[226]

Depreende-se, pois, que o Direito, ao regular os comportamentos, por meio das normas jurídicas, promove a instauração de um vínculo jurídico entre um sujeito ativo e um sujeito passivo quando da ocorrência de atos ou fatos, do qual resultará um direito subjetivo (sujeito ativo) e um dever jurídico (sujeito passivo).

As normas jurídicas são compostas, portanto, por dois elementos, quais sejam: o antecedente (hipótese), que é a descrição de determinada situação jurídica, e o consequente, que é a previsão do nascimento da relação jurídica quando ocorrido o fato previsto no antecedente.

O direito tributário não destoa de tais premissas, de modo que um tributo somente poderá nascer quando *(i)* houver uma lei prevendo sua hipótese de incidência, *(ii)* ocorrer no mundo fenomênico o fato nela previsto e, ainda, *(iii)* a subsunção do fato à norma pelo sujeito competente. Conforme leciona Roque Carrazza,[227] a incidência é esse enlace promovido pela autoridade competente, por meio de um labor intelectual, entre o fato ocorrido à hipótese normativa.

4.1.2 Tipos de normas

As normas jurídicas podem ser classificadas de diversas maneiras, já que as classificações são ínsitas à Ciência do Direito, posto que os estudiosos buscam agrupamentos e separações aos diversos comandos positivados. Assim, cada jurista atribui os critérios que entende mais coerente aos diferentes tipos de normas com que se defronta, como, por exemplo, normas substanciais e processuais, que levam em conta

---

[226] CARVALHO, Aurora Tomazini. *Curso de teoria geral do direito*: o constructivismo lógico-semântico. 6. ed. rev. e atual. São Paulo: Noeses, 2019. p. 304-305.

[227] CARRAZZA, Roque Antonio. *Reflexões sobre a obrigação tributária*. São Paulo: Noeses, 2010. p. 31.

o conteúdo das normas; normas consuetudinárias e legislativas, que considera o modo com que são colocadas no sistema; normas primárias e secundárias, que levam em conta o destinatário etc.[228]

No presente trabalho, adotaremos a classificação que leva em conta a estrutura lógica das normas, conforme a teoria desenvolvida por Norberto Bobbio. Conforme esse autor, todos os enunciados prescritivos possuem um "destinatário-sujeito" e uma "ação-objeto", de modo que ambos os elementos podem apresentar-se como uma norma jurídica geral ou como uma norma jurídica individual. Logo, seria possível a existência de quatro tipos de enunciados, quais sejam, enunciados com destinatário geral, enunciados com destinatário individual, enunciados com ação geral e enunciados com ação individual.[229]

Paulo de Barros Carvalho, aprofundando o tema, descreve argutamente o modo como se dá o enlace desses elementos normativos:

> A tipificação de um conjunto de fatos realiza uma previsão abstrata, ao passo que a conduta específica no espaço e no tempo dá caráter concreto ao comando normativo. Embora revista caracteres próprios, a existência do antecedente está intimamente atrelada ao consequente, vista na pujança da unidade deôntica, que, por seu turno, terá outro perfil semântico. Levando em conta tais considerações, a relação jurídica será geral ou individual, reportando-se o qualificativo ao quadro de seus destinatários: geral, aquela que se dirige a um conjunto de sujeitos indeterminados quanto ao número; individual, a que se volta a certo indivíduo ou a grupo identificado de pessoas.[230]

De acordo com o referido professor, a individualidade ou generalidade da norma são qualificativos que estarão presentes no consequente da norma, já que é ali que estão os sujeitos da relação jurídica, destinatários da conduta prescrita; por seu turno, a abstração ou concretude da norma são qualificativos que estarão presentes no antecedente da norma, haja vista que é ali que está prevista a hipótese desencadeadora de efeitos jurídicos.[231]

---

[228] HORVATH, Estevão. *Lançamento tributário e "autolançamento"*. 2. ed. rev. e ampl. São Paulo: Quartier Latin, 2010. p. 24.

[229] HORVATH, Estevão. *Lançamento tributário e "autolançamento"*. 2. ed. rev. e ampl. São Paulo: Quartier Latin, 2010. p. 24.

[230] CARVALHO, Paulo de Barros. *Direito tributário:* linguagem e método. 7. ed. rev. São Paulo: Noeses, 2018. p. 146.

[231] CARVALHO, Aurora Tomazini. *Curso de teoria geral do direito:* o constructivismo lógico-semântico. 6. ed. rev. e atual. São Paulo: Noeses, 2019. p. 372-373.

CAPÍTULO 4
OBRIGAÇÃO TRIBUTÁRIA | 127

Partindo de tais premissas, podemos concluir que, inobstante a igualdade e a certeza do direito vindiquem que as normas jurídicas sejam gerais e abstratas, é por meio das normas individuais e concretas que se realizam, na prática, os comandos do direito positivo. Podem ser apontados como exemplo de normas individuais e concretas as sentenças, os contratos e os atos administrativos, já que expressam determinados comportamentos dirigidos a pessoas determinadas.

De tal realidade, também não destoa o direito tributário, sendo exemplos elementares desse ramo do direito a regra-matriz de incidência dos tributos, que é norma geral e abstrata, e o lançamento tributário, que é norma individual e concreta. A regra-matriz de incidência tem no seu antecedente um evento futuro e incerto, enquanto que no consequente há uma relação entre sujeitos indeterminados; já o lançamento tributário possui no antecedente um fato consumado espacial e temporalmente, enquanto que no consequente as relações jurídicas se dão entre sujeitos determinados.[232]

4.2 Hipótese tributária

Consoante demonstrado linhas atrás, as normas jurídicas tributárias, do ponto de vista lógico-deôntico, possuem uma estrutura rígida e inarredável, em que são compostas por uma hipótese e uma consequência. A hipótese é a previsão de situações sociais que poderão configurar um fato jurídico, isto é, denota uma situação geral e abstrata estabelecida pelo legislador que, quando ocorrida no mundo fenomênico, dá azo à consequência.

Nesse sentido, o artigo 114 do Código Tributário Nacional estabelece que "fato gerador da obrigação principal é a situação definida em lei como necessária e suficiente à sua ocorrência". Esse artigo expressa que a obrigação tributária principal tem origem na lei, isto é, a lei prevê minuciosamente os elementos que possibilitarão identificar a

---

[232] CARVALHO, Aurora Tomazini. *Curso de teoria geral do direito:* o constructivismo lógico-semântico. 6. ed. rev. e atual. São Paulo: Noeses, 2019: p. 374-376: "sendo as qualificações geral e individual atribuídas ao consequente e abstrata e concreta ao antecedente, na junção estrutural das normas jurídicas encontramos as possíveis combinações classificatórias: *(i)* normas gerais e abstratas – de antecedente abstrato e consequente generalizado; *(ii)* normas gerais e concretas – de antecedente concreto e consequente generalizado; *(iii)* normas individuais e abstratas – de antecedente abstrato e consequente individualizado; e *(iv)* normas individuais e concretas – de antecedente concreto e consequente generalizado".

ocorrência da obrigação no mundo fenomênico e, via de consequência, a instauração da relação jurídica tributária.

A expressão fato gerador trazida no artigo acima foi objeto de argutas críticas por parte da doutrina, pois, embora utilizada tanto na Constituição Federal quanto no Código Tributário Nacional, trata-se de uma expressão ambígua, já que pode significar tanto a hipótese prevista na lei quanto o fato ocorrido no mundo fenomênico, ou seja, pode designar tanto as situações gerais e abstratas previstas na lei quanto as situações concretas identificáveis no tempo e no espaço.[233]

Roque Carrazza,[234] após referência ao pensamento de Geraldo Ataliba, adota os termos "hipótese de incidência" e "fato imponível", "para designar, respectivamente, *(i)* a descrição legislativa do acontecimento ou situação que, uma vez presente, desencadeará o nascimento da obrigação tributária, e *(ii)* o fato jurídico que se subsumindo à hipótese de incidência, determinou tal nascimento".

Paulo de Barros Carvalho utiliza as expressões "hipótese tributária" e "fato jurídico tributário", sendo a primeira para caracterizar a construção da linguagem prescritiva geral e abstrata e a segunda para designar a sua projeção factual. Segundo o referido professor, não importa o nome utilizado para expressar a hipótese tributária, mas ele "há de significar, sempre, a descrição normativa de um evento que, concretizado no nível das realidades materiais e relatado no antecedente da norma individual e concreta, fará irromper o vínculo abstrato que o legislador estipulou na consequência".[235] Em relação ao fato jurídico tributário, justifica sua utilização em razão de que "fato jurídico porque tem o condão de irradiar efeitos de direito. E tributário pela simples razão de que sua eficácia está diretamente ligada à instituição do tributo".[236]

Neste trabalho adotamos a terminologia utilizada pelo professor Paulo de Barros Carvalho, haja vista que condizentes com a regra-matriz de incidência tributária e que serve de base para estudar a estrutura das normas jurídicas instituidoras de tributos.

Com espeque nos conceitos desenvolvidos pelo referido mestre, temos que é no antecedente que estão inseridas as notas informadoras

---

[233] CARRAZZA, Roque Antonio. *Reflexões sobre a obrigação tributária*. São Paulo: Noeses, 2010. p. 10.

[234] CARRAZZA, Roque Antonio. *Reflexões sobre a obrigação tributária*. São Paulo: Noeses, 2010. p. 11.

[235] CARVALHO, Paulo de Barros. *Curso de direito tributário*. 30. ed. São Paulo: Saraiva, 2019. p. 285.

[236] CARVALHO, Paulo de Barros. *Curso de direito tributário*. 30. ed. São Paulo: Saraiva, 2019. p. 285.

dos eventos que poderão ser fatos jurídicos tributários, de modo que o aplicador deve responder a três perguntas, quais sejam, *(i)* o que deve acontecer; *(ii)* onde deve acontecer; e *(iii)* quando deve acontecer. As respostas a essas perguntas permitirão identificar, respectivamente, o critério material, o critério espacial e o critério temporal da regra-matriz de incidência tributária.

O critério material é o núcleo da hipótese tributária, prevendo determinado comportamento e indicando a conduta que dará azo ao nascimento da obrigação tributária. Referido critério apresenta-se por meio de um verbo e um complemento, ou seja, não basta ser proprietário, é imprescindível ser proprietário de alguma coisa, como por exemplo, "veículo automotor" (IPVA) ou "bem imóvel" (IPTU e ITR).

O critério espacial é o elemento que indica o lugar em que a conduta deverá acontecer para que ocorra a incidência tributária, sendo que nem sempre será explícita ou convergente com o lugar de validade territorial da legislação, o que demandará interpretação sistemática dos enunciados prescritivos a fim de se identificar o local em que a conduta deve acontecer.

O critério temporal impõe que as condutas previstas legalmente devem ocorrer em momentos determinados, de modo a permitir que se identifique o momento exato em que se deu o fato jurídico tributário.

Identificados os critérios material, espacial e temporal, que compõem a hipótese tributária, impõe-se a identificação da estrutura do consequente tributário.

4.3 Consequente tributário

Conforme visto acima, a hipótese tributária fixa um fato no espaço-tempo, que, ocorrido, trará à existência a obrigação de alguém pagar a outrem determinada quantia em dinheiro. O consequente tributário, desse modo, é a prescrição da relação jurídica tributária aliada aos aspectos aferidores do *quantum debeatur*, ou seja, no consequente estão presentes os critérios pessoal e quantitativo da regra-matriz de incidência tributária.

Nesse sentido, o escólio de Claudio de Abreu, Faissal Yunes Junior e Fabíola Cammarota de Abreu:

No momento em que a situação descrita hipoteticamente passa a integrar o campo individual e concreto dos fatos, não estará mais inserida no âmbito genérico e abstrato das normas.

Sendo assim, a relação jurídica nasce da concretização da hipótese de incidência legal. As normas jurídicas não são editadas para permanecerem apenas no contexto geral e abstrato de seus enunciados, mas têm por escopo a normatização do convívio social, portanto, dos fatos sociais.[237]

Paulo de Barros Carvalho descreve luminosamente como ocorre o fenômeno do consequente tributário:

> Se a hipótese, funcionando como *descritor*, anuncia os critérios conceptuais para o reconhecimento de um fato, o consequente, como *prescritor*, nos dá, também, critérios para a identificação do vínculo jurídico que nasce, facultando-nos saber quem é o sujeito portador do direito subjetivo; a quem foi cometido o dever jurídico de cumprir certa prestação; e seu objeto, vale dizer o comportamento que a ordem jurídica espera do sujeito passivo e que satisfaz, a um só tempo, o dever que fora atribuído e o direito subjetivo de que era titular o sujeito pretensor.[238]

O critério pessoal revela os sujeitos que estarão presentes na relação jurídico-tributária, sendo, de um lado, o sujeito ativo o titular do direito subjetivo à prestação pecuniária e, de outro lado, o sujeito passivo, aquele que tem o dever de pagar determinada prestação pecuniária em razão da incidência tributária.

Já o critério quantitativo é composto por dois elementos, quais sejam, a base de cálculo e a alíquota, sendo que a base de cálculo consiste na grandeza da materialidade tributária, enquanto a alíquota representa uma parte daquela.

É importante pontuar, como visto, que o consequente das normas gerais e abstratas apenas apresenta os critérios para a determinação do fato relacional, posto que somente com a aparição da norma individual e concreta é que surgirá o enlace entre dois sujeitos de direito e uma prestação.

---

[237] ABREU, Claudio de; ABREU, Fabíola Carolina Lisboa Cammarota de; YUNES JUNIOR, Faissal. Decadência e prescrição: uma perspectiva atual da jurisprudência. *In:* LISBOA, Julcira Maria de Mello Vianna; ABROSIO, Claudia Cristina dos Santos (org.). *Extinção da obrigação tributária na teoria e na prática:* uma visão multidisciplinar. São Paulo: Quartier Latin, 2021. p. 142.

[238] CARVALHO, Paulo de Barros. *Curso de direito tributário.* 30. ed. São Paulo: Saraiva, 2019. p. 320.

4.4 Crédito tributário

Tomando em conta as premissas já levantadas nos itens anteriores, temos que a obrigação tributária está sintaticamente posicionada no consequente da norma tributária, já que ela só será constituída juridicamente por meio da inserção de uma norma individual e concreta no sistema, isto é, o lançamento tributário.

Claudio de Abreu, Faissal Yunes Junior e Fabíola Cammarota de Abreu descrevem o fenômeno da seguinte forma:

> O fato ocorrido em determinada unidade de tempo e situado em um dado espaço deve ser relatado e formalizado por meio da linguagem competente estabelecida pelo direito, fundamentado em norma jurídica válida. Tal formalização do fato em linguagem irradiará um vínculo entre sujeitos, propiciando o surgimento do fato jurídico com a identificação do titular do direito ao crédito já quantificado e do respectivo dever de pagar o montante.[239]

O crédito tributário, portanto, é um dos elementos da obrigação tributária, constituído juntamente com esta, no consequente da norma individual e concreta. Nesse sentido, o professor Paulo de Barros Carvalho pontua que "o crédito é elemento integrante da estrutura lógica da obrigação, de tal sorte que ostenta a relação de parte para com o todo. A natureza de ambas as entidades é, portanto, rigorosamente a mesma".[240]

Daí as críticas ao texto do Código Tributário Nacional (sobretudo, da combinação dos artigos 139, 142, *caput*, 144, *caput* e 156[241]), que

---

[239] ABREU, Claudio de; ABREU, Fabíola Carolina Lisboa Cammarota de; YUNES JUNIOR, Faissal. Decadência e prescrição: uma perspectiva atual da jurisprudência. *In:* LISBOA, Julcira Maria de Mello Vianna; ABROSIO, Claudia Cristina dos Santos (org.). *Extinção da obrigação tributária na teoria e na prática:* uma visão multidisciplinar. São Paulo: Quartier Latin, 2021. p. 143-144.

[240] CARVALHO, Paulo de Barros. *Curso de direito tributário.* 30. ed. São Paulo: Saraiva, 2019. p. 391.

[241] Art. 139. O crédito tributário decorre da obrigação principal e tem a mesma natureza desta. Art. 142. Compete privativamente à autoridade administrativa constituir o crédito tributário pelo lançamento, assim entendido o procedimento administrativo tendente a verificar a ocorrência do fato gerador da obrigação correspondente, determinar a matéria tributável, calcular o montante do tributo devido, identificar o sujeito passivo e, sendo caso, propor a aplicação da penalidade cabível. Art. 144. O lançamento reporta-se à data da ocorrência do fato gerador da obrigação e rege-se pela lei então vigente, ainda que posteriormente modificada ou revogada. Art. 156. Extinguem o crédito tributário: I - o pagamento; II - a compensação; III - a transação; IV - a remissão; V - a prescrição e a decadência; VI - a conversão do depósito em renda; VII - o pagamento antecipado e a

distingue o crédito da obrigação tributária, de modo que a obrigação surgiria com o fato gerador e o crédito com o lançamento, como se as entidades pudessem existir separadamente.[242]

Contudo, tal isolamento não resiste face a uma confrontação do fenômeno: crédito e débito são verso e anverso da mesma moeda. Eis que, de um lado, o crédito tributário é o direito subjetivo de que é portador o sujeito ativo para a exigência da prestação, ao passo que, de outro lado, o débito é o dever jurídico imposto ao sujeito passivo para cumprimento da obrigação. Logo, inexiste laço obrigacional sem a presença de um credor com crédito em face de um devedor com débito, de modo que a obrigação desaparece sem a presença do crédito, extinguindo-se.[243]

---

homologação do lançamento nos termos do disposto no artigo 150 e seus §§ 1º e 4º; VIII - a consignação em pagamento, nos termos do disposto no § 2º do artigo 164; IX - a decisão administrativa irreformável, assim entendida a definitiva na órbita administrativa, que não mais possa ser objeto de ação anulatória; X - a decisão judicial passada em julgado; XI - a dação em pagamento em bens imóveis, na forma e condições estabelecidas em lei. Parágrafo único. A lei disporá quanto aos efeitos da extinção total ou parcial do crédito sobre a ulterior verificação da irregularidade da sua constituição, observado o disposto nos artigos 144 e 149.

[242] CARRAZZA, Elizabeth Nazar; VIANNA, Julcira Maria de Melo; GALVÃO, Flávio Alberto Gonçalves. Remissão e anistia do crédito tributário: regime jurídico constitucional aplicável às obrigações e penalidades tributárias. *In:* LISBOA, Julcira Maria de Mello Vianna; ABROSIO, Claudia Cristina dos Santos (org.). *Extinção da obrigação tributária na teoria e na prática:* uma visão multidisciplinar. São Paulo: Quartier Latin, 2021. p. 130: "o crédito tributário nasce com a realização concreta da conduta do sujeito passivo no mundo da realidade, considerado enquanto evento, que hipoteticamente está previsto na linguagem prescritiva do direito positivo. Este entendimento vidência o equívoco que o direito positivo tributário brasileiro, notadamente o próprio Código Tributário Nacional, promova na diferenciação entre o surgimento da obrigação tributária e a constituição do crédito pelo lançamento".

[243] CARVALHO, Paulo de Barros. *Curso de direito tributário.* 30. ed. São Paulo: Saraiva, 2019. p. 398: "retomemos a mensagem do art. 142, do CTN, para lembrar que esse Estatuto faz uma distinção, no meu entender improcedente, entre crédito e obrigação, como se fora possível, à luz da Teoria Geral do Direito, separar essas duas entidades. A obrigação nasceria com o acontecimento do 'fato gerador', mas surgiria sem crédito que somente com o 'procedimento de lançamento' viria a ser constituído. Que obrigação seria essa, em que o sujeito ativo nada tem por exigir (crédito) e o sujeito passivo não está compelido a qualquer conduta? O isolamento do crédito em face da obrigação é algo que atenta contra a integridade lógica da relação, condição mesma de sua existência jurídica. Agora, se o legislador pretendeu dizer que havia um direito subjetivo de exigir a prestação (crédito), mas que o implemento dessa pretensão ficava na dependência de procedimentos ulteriores, o que se poder afirmar é que não utilizou bem a linguagem, provocando dificuldades perfeitamente dispensáveis".

CAPÍTULO 4
OBRIGAÇÃO TRIBUTÁRIA | 133

4.5 Lançamento tributário

Na linha do que viemos desenvolvendo, temos que as normas gerais e abstratas, em razão de sua generalidade e abstração, são desprovidas de materialização no fenômeno social, demandando, para fins de efetividade de seu conteúdo, a elaboração de sucessivas normas até que seja alcançada a concretude necessária para atingir as interações sociais.

Assim, no âmbito do direito tributário, é o lançamento que ocupa o papel de norma individual e concreta, positivando o direito tributário, isto é, o lançamento formaliza a pretensão do sujeito ativo no laço obrigacional, possibilitando que determinado evento se torne um fato jurídico. O artigo 142 do CTN traz a seguinte disposição acerca do lançamento:

> Art. 142. Compete privativamente à autoridade administrativa constituir o crédito tributário pelo lançamento, assim entendido o procedimento administrativo tendente a verificar a ocorrência do fato gerador da obrigação correspondente, determinar a matéria tributável, calcular o montante do tributo devido, identificar o sujeito passivo e, sendo caso, propor a aplicação da penalidade cabível.
>
> Parágrafo único. A atividade administrativa de lançamento é vinculada e obrigatória, sob pena de responsabilidade funcional.

Em estudo de verve acerca do tema, Estevão Horvath[244] pontua que o lançamento se situa dentro do Direito Tributário formal, que é aquele que cuida do procedimento de gestão ou de administração do tributo. Assim, para esse autor, dentro do Direito Tributário formal, o vocábulo lançamento pode ser atribuído num sentido amplo, que compreenderia todo o encadeamento de atos necessários à apuração do valor devido, e num sentido estrito, que seria o ato final, fixando o valor devido em razão da obrigação oriunda do fato imponível. Ao lançamento em sentido amplo, o autor prefere designar como "procedimento de apuração dos tributos", enquanto que o termo "lançamento" seria destinado somente àquele sem sentido estrito, que é o ato fulminante do procedimento.

É nesse sentido a doutrina de Paulo de Barros Carvalho, da qual tomamos mão para uma definição de lançamento tributário:

---

[244] HORVATH, Estevão. *Lançamento tributário e "autolançamento"*. 2. ed. rev. e ampl. São Paulo: Quartier Latin, 2010. p. 48.

É o ato jurídico administrativo, da categoria dos simples, constitutivos e vinculados, mediante o qual se insere na ordem jurídica brasileira uma norma individual e concreta, que tem como antecedente o fato jurídico tributário e, como consequente, a formalização do vínculo obrigacional, pela individualização dos sujeitos ativo e passivo, a determinação do objeto da prestação, formado pela base de cálculo e correspondente alíquota, bem como pelo estabelecimento dos termos espaço-temporais em que o crédito há de ser exigido.[245]

De se notar que o referido professor adota a tese constitutivista do lançamento, pois, segundo anuncia, "a natureza da norma individual e concreta, veiculada pelo ato de lançamento tributário, ou pelo ato produzido pelo sujeito passivo para apurar seu débito, nos casos estabelecidos em lei, assumirá a feição significativa de providência constitutiva de direitos e deveres subjetivos".[246]

No mesmo sentido, Paulo César Conrado, adotando a tese constitutivista, pontua que "é o lançamento que está capacitado a trazer à luz a relação jurídica tributária, introduzindo-a no mundo do direito, ao mesmo tempo em que introduz todos os seus elementos, inclusive o crédito tributário. Sua força, antes de declaratória, é verdadeiramente constitutiva".[247]

Na via contrária, Roque Antonio Carrazza[248] abraça a tese declarativista, consignando que esta foi a orientação adotada pelo nosso direito positivo, de modo que ato administrativo de lançamento tributário se trata apenas de instrumento de liquidação do tributo, posto que este nasce com o surgimento do fato imponível.

Por essa mesma via, Estevão Horvath[249] entende que a obrigação nasce com a ocorrência do fato imponível e que o ato de lançamento tão somente declara sua existência. Inobstante essa tomada de posição, o autor observa que "em verdade, a constitutividade ou declaratividade de qualquer ato dependerá – como de resto, quase tudo depende – do referencial que houver sido adotado para elaborar o raciocínio",

---

[245] CARVALHO, Paulo de Barros. *Curso de direito tributário*. 30. ed. São Paulo: Saraiva, 2019. p. 412.

[246] CARVALHO, Paulo de Barros. *Curso de direito tributário*. 30. ed. São Paulo: Saraiva, 2019. p. 427-428.

[247] CONRADO, Paulo Cesar. *Processo tributário*. 3. ed. São Paulo: Quartier Latin, 2012. p. 59-60.

[248] CARRAZZA, Roque Antonio. *Reflexões sobre a obrigação tributária*. São Paulo: Noeses, 2010. p. 286-287.

[249] HORVATH, Estevão. *Lançamento tributário e "autolançamento"*. 2. ed. rev. e ampl. São Paulo: Quartier Latin, 2010. p. 77-78.

posto que, embora haja declaratividade em relação ao surgimento da obrigação tributária a partir do fato imponível, indubitável que haja a constitutividade de direitos e deveres antes desconhecidos.

Com base em tais lições e levando em conta, ainda, a disposição contida no art. 113, § 1º, art. 142, *caput* e 149, VIII, do Código Tributário Nacional,[250] cremos que o ato administrativo de lançamento é declaratório. A nosso ver, a obrigação nasce quando ocorre o fato gerador e, com o ato de lançamento, ocorre a declaração de que aquele fato se adequa à norma tributária, bem como a formalização do crédito tributário.[251]

Importa consignar, ainda, que o lançamento, enquanto norma individual e concreta, poderá ser modificado por meio de outra norma individual e concreta ao final de procedimento administrativo, de modo que a última irá substituir a primeira, objeto da lide. Esse fenômeno de alteração das normas de lançamento é possível no sistema do direito positivo, pois visa trazer coerência ao sistema caso haja vícios que permitam a modificação, com exceção dos casos de imutabilidade, como, por exemplo, perda de prazo e decisão administrativa definitiva favorável ao contribuinte.

Noutro dizer, as alterações possíveis no ato administrativo de lançamento são, em última análise, a possibilidade que a Administração tem de controlar seus próprios atos. Assim, se for verificado que determinado lançamento não se subsome inteiramente à lei tributária, teremos um lançamento defeituoso e, por consequência, anulável.[252]

---

[250] Art. 113. A obrigação tributária é principal ou acessória. § 1º A obrigação principal surge com a ocorrência do fato gerador, tem por objeto o pagamento de tributo ou penalidade pecuniária e extingue-se juntamente com o crédito dela decorrente. Art. 142. Compete privativamente à autoridade administrativa constituir o crédito tributário pelo lançamento, assim entendido o procedimento administrativo tendente a verificar a ocorrência do fato gerador da obrigação correspondente, determinar a matéria tributável, calcular o montante do tributo devido, identificar o sujeito passivo e, sendo caso, propor a aplicação da penalidade cabível.

[251] Nesse sentido: ABREU, Claudio de; ABREU, Fabíola Carolina Lisboa Cammarota de; YUNES JUNIOR, Faissal. Decadência e prescrição: uma perspectiva atual da jurisprudência. *In*: LISBOA, Julcira Maria de Mello Vianna; ABROSIO, Claudia Cristina dos Santos (org.). *Extinção da obrigação tributária na teoria e na prática:* uma visão multidisciplinar. São Paulo: Quartier Latin, 2021. p. 146.

[252] HORVATH, Estevão. *Lançamento tributário e "autolançamento".* 2. ed. rev. e ampl. São Paulo: Quartier Latin, 2010. p. 86: "estabelecendo as premissas terminológicas necessárias, especialmente numa matéria que tanta discussão teórica tem provocado, diremos que, colocado no mundo jurídico, o lançamento será sempre válido, podendo apenas ser anulado. Isto porque, como ato jurídico administrativo que é, o lançamento tributário nasce com presunção de legitimidade, presunção esta *juris tantum*, que somente será afastada por meio de decisão administrativa ou judicial prolatada ao final de um procedimento instaurado com esse objetivo".

A eventual utilização de arbitragem tributária na esfera administrativa também tem natureza de norma individual e concreta, pois a arbitragem pode ser compreendida tanto como um processo, que é o conjunto de atos, quanto como produto, que é a natureza jurídica ora empregada, de modo que a sua inserção no sistema do direito positivo, com natureza jurídica de ato administrativo, terá o condão de substituir a norma individual e concreta anterior. Tal assunto será mais bem desenvolvido adiante, quando nos ocuparmos especificamente da norma individual e concreta de arbitragem.

4.6 Extinção da obrigação tributária

Consoante vimos falando, a obrigação tributária nascerá a partir da hipótese tributária, podendo experimentar transformações em seu percurso e, por fim, desaguará numa das hipóteses de extinção previstas no artigo 156 do Código Tributário Nacional:

> Art. 156. Extinguem o crédito tributário:
> I - o pagamento;
> II - a compensação;
> III - a transação;
> IV - remissão;
> V - a prescrição e a decadência;
> VI - a conversão de depósito em renda;
> VII - o pagamento antecipado e a homologação do lançamento nos termos do disposto no artigo 150 e seus §§ 1º e 4º;
> VIII - a consignação em pagamento, nos termos do disposto no § 2º do artigo 164;
> IX - a decisão administrativa irreformável, assim entendida a definitiva na órbita administrativa, que não mais possa ser objeto de ação anulatória;
> X - a decisão judicial passada em julgado.
> XI - a dação em pagamento em bens imóveis, na forma e condições estabelecidas em lei.

De se ver que o referido artigo possui, sob o plano da literalidade, dois critérios de enunciação das hipóteses de extinção da obrigação tributária: *(i)* de um lado, aponta os eventos que permitirão a extinção da obrigação após devidamente inseridos no mundo jurídico por meio da linguagem competente (pagamento, compensação, remissão, prescrição, decadência, conversão do depósito em renda, pagamento antecipado, homologação do lançamento, consignação em pagamento e dação em pagamento); *(ii)* de outro lado, aponta os instrumentos linguísticos que poderão ser manejados para impingir juridicidade à extinção[253] (decisão administrativa irrevogável, decisão judicial passada em julgado e a transação[254]).

Melhor desenvolvendo o raciocínio, não basta a ocorrência dos eventos extintivos no mundo social para o desaparecimento da obrigação tributária, sendo imprescindível que o evento seja constituído como fato jurídico. Noutro giro, "a extinção da obrigação tributária, entendida como fato jurídico, não se aperfeiçoa pela só verificação, no mundo social, de um dos 'fatos geradores' apontados no art. 156 [...], exigindo, mais, sua tradução [...] em competente linguagem normativa individual e concreta".[255]

Temos, então, duas realidades distintas no plano da literalidade das causas de extinção da obrigação tributária previstas no artigo 156 do Código Tributário Nacional: a realidade atinente às causas que levam à extinção e a realidade dos veículos introdutores da causa extintiva no fenômeno jurídico.

Consoante exposto linhas atrás, as considerações até agora despendidas acerca da extinção da obrigação tributária estão circunspectas ao plano da literalidade. Importa, porém, apontar, também, as causas e formas de extinção da obrigação tributária sob o plano lógico, que nada mais é do que o desaparecimento de um de seus elementos. Expliquemos melhor.

A obrigação tributária é composta por cinco elementos, quais sejam: *(i)* sujeito ativo, portador do *(ii)* crédito tributário, que é o direito subjetivo de exigir o *(iii)* tributo, objeto da relação, do *(iv)* sujeito passivo, que tem o *(v)* dever subjetivo de entregar o tributo. Logo, a obrigação tributária só poderia desaparecer se atingido um desses elementos e, portanto, cinco seriam as formas de extinção da obrigação. Paulo

---

[253] CONRADO, Paulo Cesar. *Processo tributário*. 3. ed. São Paulo: Quartier Latin, 2012. p. 70.

[254] CONRADO, Paulo Cesar. FERNANDES, André Luiz Fonseca. Impactos da transação (Lei n. 13988/2020) no exercício da jurisdição tributária. *In*: PARO, Giácomo; ESCOBAR, Marcelo Ricardo Wydra; PASQUALIN, Roberto (coord.). *Estudos de arbitragem e transação tributária*. São Paulo: Almedina, 2021. p. 206: "da constatação de seu caráter instrumental à sua aproximação com a ideia de processualidade (e de jurisdição, por conseguinte), o salto é fácil: tanto quanto o processo (judicial e administrativo, insista-se na referência a essa dicotomia), a transação atua como veículo canalizador da solução do litígio tributário, operação dependente do aperfeiçoamento prático do(s) conteúdo(s) preordenado(s) no respectivo instrumento".

[255] CONRADO, Paulo Cesar. *Processo tributário*. 3. ed. São Paulo: Quartier Latin, 2012. p. 71.

de Barros Carvalho enumera esses modos de afetação da obrigação e adverte que inexiste, logicamente, uma sexta possibilidade extintiva:

> Decompõe-se a figura obrigacional que reproduzimos:
> a) pelo desaparecimento do sujeito ativo;
> b) pelo desaparecimento do sujeito passivo;
> c) pelo desaparecimento do objeto;
> d) pelo desaparecimento do direito subjetivo de que é titular o sujeito pretensor, que equivale à desaparição do crédito;
> e) pelo desaparecimento do dever jurídico cometido ao sujeito passivo, que equivale à desaparição do débito.
> Qualquer hipótese extintiva da relação obrigacional que possamos aventar estará contida, inexoravelmente, num dos cinco itens que enumeramos. Carece de possibilidade lógica imaginar uma sexta solução, precisamente porque esta é a fisionomia básica da existência de um vínculo de tal natureza.[256]

Alinhavando os planos lógico e da literalidade, temos que a extinção da obrigação tributária, enquanto fato jurídico, ocorrerá com o esfacelamento de um dos seus cinco elementos em razão da ocorrência de uma das causas previstas nos incisos I, II, IV, V, VI, VII, VIII e XI, do art. 156 do Código Tributário Nacional,[257] que deverá ser devidamente posta por meio de um veículo introdutor.

Conforme já anotado, três são os veículos introdutores das causas de extirpação da obrigação tributária previstos no artigo 156 do CTN: a decisão administrativa irreformável, a decisão judicial passada em julgado e a transação. Contudo, conforme vimos defendendo nesse estudo, a arbitragem deve ser considerada como importante instrumento para a resolução das lides tributárias, de modo que se postula pela sua inserção enquanto mais um veículo introdutor das causas de extinção da obrigação tributária.

---

[256] CARVALHO, Paulo de Barros. *Curso de direito tributário*. 30. ed. São Paulo: Saraiva, 2019. p. 464.

[257] Acerca da transação, entendemos que não é causa de extinção da obrigação tributária, posto não ter o condão de atingir qualquer um de seus elementos. Trata-se, na verdade, de instrumento que invocará uma causa para a extinção da obrigação. Nesse sentido, CARVALHO, Paulo de Barros. *Curso de direito tributário*. 30. ed. São Paulo: Saraiva, 2019. p. 474-475: "é curioso verificar que a extinção da obrigação, quando ocorre a figura transacional, não se dá propriamente, por força das concessões recíprocas, e sim do pagamento. O processo de transação tão somente prepara o caminho para que o sujeito passivo quite sua dívida, promovendo o desaparecimento do vínculo. Tão singela meditação já compromete o instituto como forma extintiva de obrigações".

4.7 A disponibilidade condicionada do crédito tributário

Embora já tenhamos firmado premissa no item 3.7.3 acerca da disponibilidade condicionada do crédito, importa ratificá-la neste momento. É que, conforme se tem discorrido, a obrigação tributária possui um plexo de caracteres que a tornam estritamente vinculada à lei. De um lado, tal vinculatividade protege os cidadãos, que estarão jungidos às exações tributárias somente naqueles casos permitidos pela Constituição e nos termos previstos em lei. Por outro lado, essa vinculação da atividade tributária protege também o interesse do Estado na arrecadação tributária, pois impede que, ocorrida a hipótese tributária, seja ignorada a consequência e todas as implicações daí decorrentes, por meio do instrumento de constituição da obrigação tributária (lançamento e "autolançamento").

Portanto, embora o Código Tributário Nacional preveja situações em que possa haver alteração do valor originalmente previsto ou dos termos de pagamento do crédito tributário, isso não permite dizer que o crédito é simplesmente disponível. Muito pelo contrário, as exceções à alterabilidade na constituição do crédito apenas reforçam o caráter vinculante de sua exigibilidade, de modo que somente de acordo com parâmetros legais, isto é, excepcionalmente, poderão ser revistos os componentes do ato administrativo de lançamento do crédito tributário.

Nessa linha de ideias, Natalia De Nardi Dacomo, partindo da diferenciação entre interesse público primário e interesse público secundário, classifica a obrigação tributária como bem público dominial, isto é, de interesse público secundário e, via de consequência, pode ser tratada com disponibilidade, desde que para atender ao interesse público primário, ou seja, vinculada a tal interesse. Nas palavras da autora:

> Note-se que a Obrigação Tributária é norma individual e concreta que introduz no ordenamento jurídico uma relação, vínculo abstrato que surge por imposição da lei, pelo qual uma pessoa, Sujeito Ativo, tem o direito subjetivo de exigir de outra pessoa, o Sujeito Passivo, o cumprimento de uma obrigação de cunho patrimonial.
> O crédito tributário, ou seja, o direito do Estado de exigir do contribuinte a obrigação, é um bem do Estado. Tal bem é classificado como patrimonial, real e disponível para negociação, já que, segundo o CTN, pode ser transacionado.

As obrigações tributárias são direitos patrimoniais disponíveis; isso significa que a Administração Pública pode operacionalizá-los a fim de atender aos interesses públicos primários.[258]

Coadunamos com a visão da autora ao concluirmos que, quando diz que o crédito tributário é disponível na medida em que busca atender ao interesse público primário, há uma vinculação compulsória e inafastável entre o manejo operacionalizado, isto é, a instituição de arbitragem a fim de melhorar as formas de resolução dos litígios tributários, inclusive para tornar mais eficiente a arrecadação tributária, e o interesse público primário.

Na esteira do que viemos defendendo, acerca da disponibilidade condicionada do crédito tributário, encontramos na doutrina espanhola Ramon Falcón y Tella[259] aduzindo que o princípio da indisponibilidade do crédito tributário não é impeditivo da utilização da arbitragem para a solução das lides tributárias, mas, isto sim, uma exigência para que a lei especifique as condições e limites para utilização de tal meio de solução de controvérsias. Nesse sentido, segundo o autor, o que o ordenamento jurídico espanhol impede é que a Administração Pública possa dispor do crédito tributário sem qualquer vínculo com o interesse público.

É dentro dessa conjuntura que dizemos, então, ser possível a lei prever a existência de outro meio de resolução das lides tributárias, isto é, a previsão de um veículo introdutor das causas extintivas da obrigação tributária, sem que isso signifique disposição do crédito tributário. Na verdade, conforme será abordado no próximo item, com base na diferenciação pontuada no item anterior entre evento gerador da extinção e o veículo introdutor desse evento no direito, a arbitragem não significa dispor do crédito porque é somente um meio de relatar a real causa que levará à extinção da obrigação.

---

[258] DACOMO, Natalia de Nardi. *Direito tributário participativo:* transação e arbitragem administrativas da obrigação tributária. São Paulo: Quartier Latin, 2009. p. 132.

[259] FALCÓN Y TELLA, Ramón. El arbitraje tributario. *In:* PISARIK, Gabriel Elorriaga (coord.). *Convención y Arbitraje en el Derecho Tributario.* Madrid: Instituto de Estudios Fiscales, 1996. p. 260.

CAPÍTULO 4
OBRIGAÇÃO TRIBUTÁRIA | 141

4.8 A submissão do crédito tributário à arbitragem importa dispô-lo?

A resposta à pergunta título do presente tópico pode ser respondida com base em uma premissa levantada no item 4.6 acerca do plano da literalidade do enunciado prescritivo contido no artigo 156 do CTN, qual seja, a diferença entre causas extintivas da obrigação tributária e veículos introdutores da extinção tributária. De acordo com Paulo César Conrado:

> A hibridez de critérios aplicados pelo plano da literalidade do direito positivo, conquanto aparentemente indesejável, possui manifesta virtude: se, por uma frente, confunde "evento" (poderíamos dizer fato gerador) que implica a extinção da obrigação com o respectivo veículo introdutor, dá conta, por outra, da existência desses dois campos, ratificando, por assim dizer, a distinção entre evento e fato jurídico, notadamente no campo da extinção da obrigação tributária.[260]

Tal lição é bastante elucidativa para demonstrar que, inobstante a relevância da discussão em torno da indisponibilidade do crédito tributário, a arbitragem não significa que estará havendo qualquer disposição do crédito tributário. Na verdade, a única disposição é em relação ao julgamento levado a cabo no Poder Judiciário.

O que estamos pretendendo significar é que a sentença arbitral, por si só, não tem o condão de extinguir, suprimir ou alterar os valores originalmente previstos no ato de constituição da obrigação tributária. Ao lado da sentença judicial e da decisão administrativa, a sentença arbitral é mais um veículo introdutor das causas que realmente extinguem a obrigação tributária.

Priscila Faricelli de Mendonça pontua argutamente a esse respeito:

> Ao optarem por submeter a controvérsia tributária ao juízo arbitral, as partes não estão dispondo do direito em discussão, mas somente renunciando à solução jurisdicional estatal do conflito. Ou seja, não se sabe se o resultado será no sentido de conferir o direito integralmente a um dos litigantes, ou parcialmente a ambos, nem há manifestação pela renúncia a parcela do direito em discussão. As partes definem, apenas

---

[260] CONRADO, Paulo Cesar. *Processo tributário*. 3. ed. São Paulo: Quartier Latin, 2012. p. 71-72.

que a solução será conferida por uma corte não estatal e que a decisão será vinculante entre as partes.[261]

Outro não é o pensamento de Natalia de Nardi Dacomo, para quem "na arbitragem, as partes não renunciam às suas pretensões: só se acorda a derrogação da jurisdição estatal para submeter à decisão arbitral todo o objeto do litígio".[262]

Esse também é o escólio de Paula Vicente-Arche Coloma,[263] para quem, quando as partes optam pela submissão de lides tributárias à arbitragem, não há disposição do crédito tributário e de nenhum dos elementos da obrigação tributária, mas a escolha de uma via alternativa de solução ao invés da via tradicional.

A arbitragem, portanto, não importa disponibilidade do crédito tributário, mas tão somente a escolha de um outro meio que não o Poder Judiciário e, na linha do que escrevemos ao iniciar este tópico, a eventual decisão arbitral que pôr fim à obrigação tributária é mais um veículo introdutor das causas extintivas do crédito. Daí, também, as já anotadas críticas da doutrina ao pontuar que, se o Código Tributário Nacional permite que o crédito tributário seja submetido à transação e à remissão, que seria o mais, não poderia haver óbice à arbitragem, que seria o menos.

4.9 A norma geral e abstrata de arbitragem como hipótese de veículo introdutor da extinção da obrigação tributária

Diante das ideias empreendidas até aqui, ao percorrer os caminhos da obrigação tributária desde o seu nascimento até a sua expurgação do mundo jurídico, e tomando, ainda, as premissas levantadas quando tratamos do princípio da legalidade face à utilização da arbitragem no direito tributário, temos, então, que a sentença arbitral, a par da decisão administrativa irreformável, da sentença passada em julgado

---

[261] MENDONÇA, Priscila Faricelli de. *Transação e arbitragem nas controvérsias tributárias.* 2013. Dissertação (Mestrado em Direito Processual) – Faculdade de Direito, Universidade de São Paulo, São Paulo, 2013. p. 75.

[262] DACOMO, Natalia de Nardi. *Direito tributário participativo:* transação e arbitragem administrativas da obrigação tributária. São Paulo: Quartier Latin, 2009. p. 134.

[263] COLOMA, Paula Vicente-Arche. *El arbitraje en ordenamento tributario espanõl:* una proposta. Barcelona: Marcal Pons, 2005. p. 54-55.

CAPÍTULO 4
OBRIGAÇÃO TRIBUTÁRIA | 143

e da transação, é mais um veículo introdutor das causas de extinção da obrigação obrigatória.

O problema que se instala é acerca da existência da norma geral e abstrata prevendo a sentença arbitral com tal desiderato, isto é, a possibilidade de que uma decisão arbitral preveja que determinada lide tributária seja extinta em razão do desaparecimento de um dos elementos que compõem a obrigação tributária.

Já anotamos no capítulo anterior que não concordamos com a possibilidade de que o laudo arbitral seja comparado à decisão administrativa irrevogável, como quer Schoueri,[264] posto que processo administrativo e processo arbitral acontecem em âmbitos distintos e não devem ser confundidos. Do mesmo modo, também não assentimos com a possibilidade de que a expressão "decisão judicial passada em julgado", prevista no inciso X, do art. 156, do CTN, possa ser equiparada à decisão arbitral, com base no art. 31, da Lei 9.307/96,[265] e do art. 515, VII, do CPC,[266] como quer Escobar,[267] haja vista que devem ser respeitados determinados limites semânticos da linguagem e a expressão contida no inciso X, do art. 156, do CTN, ao prever a expressão decisão "judicial" (e não apenas "jurisdicional") e "passada em julgada" (e não apenas "definitiva"), possui um núcleo de significação assentado pela doutrina e jurisprudência que estão irremediavelmente atreladas ao Poder Judiciário, de modo que pretender equiparar "decisão judicial passada em julgado" com "decisão arbitral" nos parece violar o princípio da legalidade.

Entretanto, inobstante a decisão arbitral não esteja prevista entre as hipóteses do artigo 156 do Código Tributário Nacional, temos fortes razões para defender a sua prescindibilidade por meio lei complementar para que sirva de veículo introdutor dos fatos extintivos.

A primeira razão é que o artigo 156 não é taxativo, conforme discorrido no capítulo anterior, seja em relação às causas extintivas da obrigação tributária, seja em relação aos veículos introdutores, isto porque, logicamente, havendo algum fato que fulmine um dos

---

[264] SCHOUERI, Luís Eduardo. *Direito tributário*. São Paulo: Saraiva, 2019. p. 1398.

[265] Art. 31. A sentença arbitral produz, entre as partes e seus sucessores, os mesmos efeitos da sentença proferida pelos órgãos do Poder Judiciário e, sendo condenatória, constitui título executivo.

[266] Art. 515. São títulos executivos judiciais, cujo cumprimento dar-se-á de acordo com os artigos previstos neste Título: [...] VII - a sentença arbitral;

[267] ESCOBAR, Marcelo Ricardo. Viabilização da arbitragem tributária por ato administrativo. *In*: PARO, Giácomo; ESCOBAR, Marcelo Ricardo Wydra; PASQUALIN, Roberto (coord.). *Estudos de arbitragem e transação tributária*. São Paulo: Almedina, 2021. p. 175-176.

elementos da obrigação tributária, por via de consequência, ela restará desaparecida. E, se a lei pode conceder até mesmo o perdão da dívida, que é o mais, pode estabelecer outras causas extintivas, que é o menos.

A segunda razão, consoante já expusemos alhures, é porque não cabe à lei complementar, em razão da força impingida pelo princípio federativo sob o poder de tributar, disciplinar o modo como as pessoas políticas deverão tratar de assuntos relativos à obrigação, lançamento, crédito, prescrição e decadência tributários. Esse, inclusive, foi o entendimento exarado pelo STF na ADI 2.405/RS.

Diante de tais premissas, a nosso ver, caberia a cada ente federativo a edição de lei ordinária prevendo a possibilidade de submissão de suas lides tributárias ao procedimento arbitral, e, este sim, com regulamentação por meio de legislação nacional, já que matéria de Direito Processual.

Ao admitirmos que é despicienda a edição de lei complementar para a inserção do veículo introdutor arbitragem, não desprezamos que eventual edição dessa espécie legislativa traria uniformidade no tratamento do tema e incentivaria que os demais entes seguissem esse caminho.

Já em relação à edição de lei nacional para tratar adequadamente do tema segundo as competências constitucionais legislativas, temos que sua edição é imprescindível. A atual Lei Brasileira de Arbitragem (Lei 9.307/96) não tem o condão de servir como suporte necessário para a submissão de lides envolvendo a obrigação tributária ao procedimento arbitral, posto que, conforme já desenvolvemos alhures, ao falarmos sobre o princípio da supremacia e indisponibilidade do interesse público, o crédito tributário possui uma disponibilidade condicionada nos limites da lei, que poderá prever situações acerca da transação, redução, remissão ou cancelamento do crédito já formalizado.

Noutro giro, é indubitável que o crédito tributário não pode ser disposto sem observância de moduladoras legais baseadas num vínculo de interesse público, posto que, conforme vimos falando, o lançamento tributário é um ato administrativo vinculado, nos termos do direito positivo e, portanto, não passível de discricionariedade por parte da Administração Fiscal na sua exigibilidade, eis que constatada a ocorrência da hipótese tributária, inapelável o consequente fato imponível, enleados por meio da constituição da obrigação tributária. É a vinculatividade do crédito tributário que impede a sua disposição pelo Poder Executivo por meio de transações, anistias e remissões sem qualquer parâmetro e moduladores.

CAPÍTULO 4
OBRIGAÇÃO TRIBUTÁRIA | 145

Diante disso, torna-se essencial a edição de uma lei nacional prevendo o regime da arbitragem tributária, de modo a permitir que o legislador pondere os interesses envolvidos e as consequências advindas nas escolhas de potenciais lides tributárias passíveis de serem submetidas à arbitragem. É imprescindível, ainda, que a lei estabeleça condições objetivas para a instauração da arbitragem, de modo a impedir arbitrariedades por parte dos envolvidos, bem como aponte os critérios e modos de escolha dos árbitros.

Natalia De Nardi Dacomo,[268] ao tratar da norma geral e abstrata da arbitragem, aponta que a lei deve estabelecer duas espécies de normas, quais sejam: *(i)* norma de comportamento, que regula a conduta das pessoas nas suas relações intersubjetivas, e, no caso da arbitragem, deveria prever quais obrigações e em que condições poderiam ser extintas; *(ii)* norma de estrutura, que dispõe acerca dos procedimentos dos órgãos públicos, ou seja, na arbitragem é esse tipo de norma que determina as competências e os órgãos para figurar no procedimento.

Demais disso, o legislador não pode perder de vista que o crédito envolvido no procedimento arbitral é o crédito tributário e, portanto, atrelado a todas as condicionantes de interesse público que já se mencionou alhures, de modo que as alterações no valor devido não podem permitir subterfúgios mais vantajosos ao contribuinte que não seriam possíveis em condições normais.

Todas essas ponderações nos permitem ratificar a imprescindibilidade de uma lei nacional prevendo o procedimento arbitral, nos termos do artigo 22, I, da Constituição, bem como a possibilidade de que cada ente político, no âmbito de sua autonomia para tratar de assuntos relacionados à obrigação tributária, legislar sobre a submissão de suas lides tributárias à arbitragem.

4.10 A decisão arbitral como norma individual e concreta apta a introduzir a causa de extinção da obrigação tributária

Tal qual a constituição da obrigação tributária se perfectibiliza por meio do lançamento enquanto norma individual e concreta, a

---

[268] DACOMO, Natalia de Nardi. *Direito tributário participativo:* transação e arbitragem administrativas da obrigação tributária. São Paulo: Quartier Latin, 2009. p. 231.

extinção da obrigação tributária também se perfectibiliza por meio de normas individuais e concretas, como a sentença judicial passada em julgado, a decisão administrativa irreformável e, caso seja positivada sua possibilidade, a decisão arbitral. Isso se dá em razão de que, a fim de dar de efetividade aos seus comandos, o Direito elabora sucessivas normas até alcançar a concretude necessária para atingir as interações sociais.

Em conformidade com o que vem se defendendo, a decisão arbitral é mais uma hipótese de norma individual e concreta apta a solucionar os conflitos em matéria tributária, tal qual a sentença judicial e a decisão administrativa. Nesse sentido, a arbitragem não obsta a cobrança do tributo já lançado por parte do fisco. O que ocorre é que, assim como o crédito tributário pode ser impugnado na via administrativa ou judicial, a arbitragem poderá ser uma terceira via para a discussão.

Importa salientar que a manifestação de vontade das partes para submeter o litígio tributário à arbitragem é tão somente para que haja a sua instauração, isto é, para o compromisso arbitral, de modo que não há qualquer espécie de acordo prévio que possa interferir quanto ao mérito da decisão proferida pelo árbitro. Demais disso, a atividade exercida pelo árbitro é igual àquela desempenhada pelos juízes, haja vista que ambos irão fazer um cotejo entre a hipótese tributária e o consequente tributário – manifestado por meio do ato administrativo de lançamento – para, ao final, proferir uma decisão, que, como se anotou, é uma norma individual e concreta que, por sua vez, irá ratificar ou anular uma outra norma individual e concreta, que é o lançamento tributário.

Essa norma individual e concreta, como já se anotou anteriormente, é o produto do processo de arbitragem, com natureza de ato administrativo, já que produzida no âmbito da Administração Pública, com aptidão para substituir a norma individual e concreta anterior. Analiticamente, acerca de uma decisão de extinção da obrigação tributária de interesse do sujeito passivo,[269] Natalia De Nardi Dacomo, aponta os enunciados que compõe a norma individual e concreta de arbitragem, sendo nos antecedentes:

---

[269] CARVALHO, Paulo de Barros. *Direito tributário:* fundamentos jurídicos da incidência. 9. ed. rev. São Paulo: Saraiva, 2012. p. 219: "causa extintiva também é a decisão administrativa irreformável, assim entendida aquela da qual não mais caiba recurso aos órgãos da Administração, como estabelece o item IX do art. 156 do Código Tributário Nacional. [...] Claro está que a decisão administrativa de que tratamos é a terminativa da relação, pondo termo à sua existência, e, portanto, de interesse do sujeito passivo. Decisão que mantivesse a exigência ou simplesmente a reduzisse não poderia estar entre as causas de extinção".

1) o fato da existência da dívida;
2) o fato da decisão administrativa.

E nos consequentes,

3) uma relação de pagamento que, no cálculo das relações anula o vínculo primitivo

e/ou

4) uma relação de remissão que, no cálculo das relações, anula o vínculo primitivo

e/ou

5) uma relação de anistia que, no cálculo das relações, anula o vínculo primitivo. [270]

O processo de arbitragem, acaso comprovados os fatos alegados pelo sujeito passivo, resultará no ato administrativo de arbitragem que poderá expulsar a norma individual e concreta anterior do sistema, substituindo-a por outra.

Assim, a arbitragem é decisão administrativa irrecorrível para ambas as partes e com duas naturezas distintas em relação a seus efeitos: *(i)* para a Administração Pública teria natureza de autotutela, posto que estaria havendo controle sobre os próprios atos administrativos; *(ii)* para o contribuinte teria natureza de decisão arbitral, já que abdicaria de seu direito de buscar o Judiciário.[271]

---

[270] DACOMO, Natalia de Nardi. *Direito tributário participativo:* transação e arbitragem administrativas da obrigação tributária. São Paulo: Quartier Latin, 2009. p. 229.

[271] DACOMO, Natalia de Nardi. *Direito tributário participativo:* transação e arbitragem administrativas da obrigação tributária. São Paulo: Quartier Latin, 2009. p. 228.

CAPÍTULO 5

NOTAS ACERCA DA CONSTRUÇÃO DE UM MODELO DE ARBITRAGEM TRIBUTÁRIA

5.1 Prolegômenos

Inobstante o empenho de parte da doutrina para a instituição da arbitragem em direito tributário no Brasil, as propostas para um modelo eficiente e condizente com as peculiaridades inerentes à matéria ainda são incipientes. No âmbito doutrinário, a maioria dos estudos volta-se ao modelo português, que tem apresentado, após uma década de existência, resultados positivos. Em termos legislativos, há duas propostas de leis ordinárias para a viabilização do instituto, que são os PLs nº 4.247/2019 e 4.468/2020.

Em Portugal, a instituição da arbitragem em matéria tributária não passou incólume aos debates acerca da indisponibilidade do crédito tributário, prevalecendo, contudo, a tese, já exposta neste estudo, de que a arbitragem não importa em disponibilidade do crédito, mas apenas que a lide será julgada por outro meio que não o judicial.

O surgimento da arbitragem tributária em Portugal se deu num contexto em que o país foi abrangido por um Programa de Ajustamento Económico e Financeiro que durou três anos (de 2011 a 2014), sendo que, em decorrência da assistência financeira que recebeu (Troika) para o ajuste da sustentabilidade orçamental, assumiu o compromisso de adotar medidas abrangentes e reformas orçamentárias estruturais, dentre as quais a implementação de uma nova lei de arbitragem no ano de 2011.

Inobstante a arbitragem tributária portuguesa ter surgido nesse contexto, Conceição Gamito e Carla Castelo Trindade pontuam que a criação do instituto não foi uma imposição da Troika, mas, antes disso, uma necessidade reconhecida pelo Governo Português, a fim de resolver o congestionamento nas lides fiscais. As autoras assim nos noticiam:

> A criação da arbitragem tributária foi, deste modo, uma iniciativa do Governo português para responder às preocupações e à necessidade de eficiência e rapidez na resolução de litígios tributários. O preâmbulo do Decreto-Lei n. 10/2011, de 20 de janeiro, que implementa o Regime Jurídico da Arbitragem Tributária (RJAT), prevê três objetivos claros para a criação de tribunais arbitrais: "a more effective enforcement of the taxpayer's rights, to impose more celerity on disputes between them and the Tax Authorities, and finally, reduce the number of pending cases on judicial courts". De facto, por um lado, os tribunais judiciais tinham jurisdição exclusiva na resolução de litígios tributários e com essa jurisdição exclusiva vieram as graves injustiças que a duração dos processos acarreta. Por outro lado, a falta de especialização dos juízes dos tribunais judiciais por vezes sentida levou os contribuintes e as autoridades tributárias a desejarem a criação de um mecanismo alternativo e resolução de litígios, no âmbito do qual as decisões fossem emitidas por especialistas qualificados, incluindo não apenas juristas, mas também licenciados em Economia ou Gestão.[272]

Vê-se que o panorama brasileiro não difere daquele português, de modo que, após fartamente demonstrado que a realidade brasileira requer instrumentos que garantam a efetividade do sistema tributário, bem como o próprio sistema impõe que se adotem medidas a fim de concretizá-lo no maior grau possível, o objetivo do presente capítulo é traçar algumas notas gerais acerca dos principais aspectos envolvendo um possível procedimento arbitral. Para tanto, como já anotado, não se pode fechar os olhos à experiência portuguesa e, portanto, tomar-se-á mão de tal referencial, bem como da própria legislação nacional, no que aplicável.

---

[272] GAMITO, Conceição; TRINDADE, Carla Castelo. A experiência portuguesa da arbitragem tributária: mudança do panorama das decisões em matéria de IVA. *In*: PISCITELLI, Tathiane; MASCITTO, Andréa; MENDONÇA, Priscila Faricelli (coord.). *Arbitragem tributária*: desafios institucionais brasileiros e a experiência portuguesa. 2. ed. rev., atual. e ampl. São Paulo: Thomson Reuters Brasil, 2019. p. 73.

5.2 Arbitrabilidade objetiva e subjetiva

Consoante já discorrido no capítulo 1, a arbitrabilidade subjetiva em relação à Administração Pública já foi amplamente debatida pela doutrina e jurisprudência, tendo sido consolidada com o advento da Lei 13.129/2015, que previu no art. 1º, § 1º, da Lei de Arbitragem, que "a administração pública direta e indireta poderá utilizar-se da arbitragem para dirimir conflitos relativos a direitos patrimoniais disponíveis". Assim, tal elemento não foi objeto de análise deste estudo, partindo-se do pressuposto de sua conformidade legal e constitucional.

Já no que toca à arbitrabilidade objetiva, os principais aspectos dizem com a debatida disponibilidade do crédito tributário, tratada no capítulo 4, e, cremos, estando superadas eventuais objeções à possibilidade de sua submissão à arbitragem. E, indo além da questão afeta à disponibilidade do crédito tributário, temos que a Constituição do Estado Democrático de Direito, em matéria tributária, requer que se adotem instrumentos que tornem efetiva sua ordem axiológica presente em princípios como o da praticabilidade, da eficiência, da igualdade, da legalidade e da segurança jurídica.

5.3 Órgão arbitral

Em Portugal, a arbitragem tributária é realizada somente pelo Centro de Arbitragem Administrativa – CAAD. É dentro dessa instituição que funcionam os tribunais arbitrais que julgam os litígios envolvendo contratos administrativos e controvérsias fiscais. A composição do CAAD dá-se da seguinte forma: Direção, Conselho de Ética (denominado Conselho Deontológico), Conselho Fiscal, Assembleia Geral e um Conselho de Representantes.

O Conselho Deontológico é o órgão que garante a independência e a transparência da atividade promovida pelo CAAD, de modo que a ele compete a tarefa de controle público do caráter jurisdicional outorgado aos tribunais que funcionam dentro do CAAD.[273]

---

[273] DOMINGOS, Francisco Nicolau. Estrutura do Centro de Arbitragem Administrativa (CAAD): funcionamento, escolha dos árbitros e limites institucionais. *In*: PISCITELLI, Tathiane; MASCITTO, Andréa; MENDONÇA, Priscila Faricelli (coord.). *Arbitragem tributária*: desafios institucionais brasileiros e a experiência portuguesa. 2. ed. rev., atual. e ampl. São Paulo: Thomson Reuters Brasil, 2019. p. 64.

No Brasil, diante de nosso modelo federativo, que inclui os Municípios, e da própria forma de criação da arbitragem, não nos parece que a criação de um único centro ou instituição seja o modelo mais acertado. Luis Eduardo Schoueri[274] propõe que a arbitragem, em âmbito federal, seja administrada pelo CARF, de modo que os contribuintes pudessem optar entre uma defesa no âmbito de um processo administrativo ou a submissão da contenda à arbitragem. Assim, o órgão arbitral estaria ligado ao Ministério da Fazenda, o que poderia ser replicado no âmbito dos Estados e Municípios, isto é, a arbitragem poderia ser manejada pelos demais entes em órgãos ligados às respectivas secretarias fazendárias.

Na doutrina espanhola também encontramos a proposta de um modelo de arbitragem atrelado à Administração Pública. Pablo Chico de La Cámara, Isabel Espejo Poyato, Cesar García Novoa, Juan Gonzalo Martínez Mico, José Andrés Rozas e Antonio Serrano Acitores[275] propõem que os tribunais arbitrais sejam vinculados ao Ministério da Fazenda, sendo que cada *Delegación Especial de la Agencia Estatal Tributaria* teria um órgão arbitral colegiado e cada *Administración y Delegación de la Agencia* teria um órgão arbitral unipessoal e, ainda, em casos de até 600 € (seiscentos euros), propõem que a arbitragem ocorra no *Consejo para Defensa del Contribuyente*.

Leonardo Giannetti[276] entende que a eventual vinculação da arbitragem tributária ao CARF ou a criação de um centro de arbitragem autônomo pelo Poder Público gera diversos problemas. Em relação ao CARF, o referido autor ressalta o número de processos já administrados pelo órgão e a alta carga de trabalho já demandada dos conselheiros, além da desconfiança em relação à imparcialidade da Administração na condução do procedimento. Em relação a centro de arbitragem autônomo, o autor aduz que seria inevitável a existência de problemas

---

[274] SCHOUERI, Luís Eduardo. Ensaio para uma arbitragem tributária no Brasil. *In*: PISCITELLI, Tathiane; MASCITTO, Andréa; MENDONÇA, Priscila Faricelli (coord.). *Arbitragem tributária*: desafios institucionais brasileiros e a experiência portuguesa. 2. ed. rev., atual. e ampl. São Paulo: Thomson Reuters Brasil, 2019. p. 382-382.

[275] LA CÁMARA, Pablo Chico de; POYATO, Isabel Espejo; NOVOA, Cesar García; MICO, Juan Gonzalo Martínez; VALDÉS, José Andrés Rozas; ACITORES, Antonio Serrano. *Una propuesta para la implementación de medidas alternativas de solución de conflictos (ADR) en el Sistema Tributario Español con especial referencia al arbitraje*. Madrid: ePraxis, 2015. p. 223-224.

[276] GIANNETTI, Leonardo Varella. *Arbitragem no direito tributário brasileiro*: possibilidade e procedimentos. 2017. Tese (Doutorado em Direito) – Faculdade Mineira de Direito, Pontifícia Universidade Católica de Minas Gerais, Belo Horizonte, 2017. p. 260-261.

que se pretendem evitar num sistema de resolução de conflitos, quais sejam, perda de eficiência, perda da celeridade e questões orçamentárias.

Diante desse cenário, Giannetti[277] advoga pela utilização das instituições privadas já existentes e que possuem credibilidade e experiência na condução de procedimentos arbitrais, posto que seriam mais capazes de atender os principais motivos para a instituição da arbitragem tributária, como o desafogamento dos sistemas judicial e administrativo e promover o acesso à justiça dos cidadãos.

Não são sem razão as desconfianças arguidas por Leonardo Giannetti em relação à arbitragem levada a cabo no âmbito da Administração Pública. No entanto, não coadunamos com a visão de que o procedimento arbitral deva ser realizado num ambiente privado, posto que na ordem tributária vigente seria possível arbitragem tributária somente no âmbito administrativo, de modo que a decisão seria uma decisão administrativa irrecorrível para ambas as partes e com duas naturezas distintas em relação a seus efeitos: *(i)* para a Administração Pública teria natureza de autotutela, posto que estaria havendo controle sobre os próprios atos administrativos; *(ii)* para o contribuinte teria natureza de decisão arbitral, já que abdicaria de seu direito de buscar o Judiciário.[278]

Inobstante todos os problemas apontados acerca da arbitragem junto aos órgãos públicos, cremos que tal qual ocorre em Portugal, o ambiente público ainda proporciona maior transparência e segurança no julgamento de causas que envolvem um bem assaz sensível como é o crédito tributário e, via de consequência, garante melhor controle e previsibilidade nos julgamentos das lides tributárias.

Demais disso, a arbitragem em instituições privadas corre o risco de se tornar um instrumento à disposição tão somente de contribuintes com alto poder aquisitivo, haja vista que os custos do processo arbitral nesses ambientes costumam ser bastante elevados, o que contraria frontalmente a justificativa para criação da arbitragem, pois poderia ocorrer uma espécie de elitização de seus usuários.

Assim, ao invés da utilização de instituição privada, devem ser criados mecanismos efetivos e ambientes propícios para a instalação do procedimento arbitral nos diferentes níveis federativos, de modo

---

[277] GIANNETTI, Leonardo Varella. *Arbitragem no direito tributário brasileiro:* possibilidade e procedimentos. 2017. Tese (Doutorado em Direito) – Faculdade Mineira de Direito, Pontifícia Universidade Católica de Minas Gerais, Belo Horizonte, 2017. p. 261.

[278] DACOMO, Natalia de Nardi. *Direito tributário participativo:* transação e arbitragem administrativas da obrigação tributária. São Paulo: Quartier Latin, 2009. p. 228.

que os contribuintes sintam a confiança necessária para submissão de suas lides a árbitros idôneos e tecnicamente competentes.

5.4 Árbitros

Em Portugal, para exercer a atividade de árbitro, de acordo com o RJAT, é preciso cumprir os seguintes requisitos: *(i)* comprovada capacidade técnica; *(ii)* idoneidade moral; e *(iii)* sentido de interesse público. A capacidade técnica, de acordo com o RJAT, requer comprovada experiência profissional na área do direito tributário, podendo ser no exercício da magistratura, advocacia, consultoria, docência e serviço da administração tributária.

Acerca do número de árbitros, será conduzida por um árbitro nas causas até 60 mil euros e, cumulativamente, se o sujeito passivo não designar árbitro. Já nas causas acima de 60 mil euros, ou no caso de o sujeito passivo designar árbitro, o processo será conduzido por três árbitros.

Em relação aos requisitos, nos litígios com valor igual ou maior do que 500.000,00 euros, o árbitro-presidente deverá ter sido magistrado nos tribunais tributários ou, alternativamente, possuir o título acadêmico de mestre. Já nos casos em que o valor é igual ou maior de que 1 milhão de euros, o árbitro-presidente deverá ter sido, também, magistrado nos tribunais tributário ou, alternativamente, possuir o título de doutor. Demais disso, só podem ser submetidos ao CAAD os litígios que não ultrapassem o montante de dez milhões de euros.[279]

Podem ser apontadas como características essenciais para a função do árbitro a especialização, a imparcialidade e a independência. A especialização advinda da prática profissional denota a legitimidade do árbitro para proferir a decisão, sendo que quanto maior o nível de especialização em determinada matéria, maior será a probabilidade de confiança na condução do processo. A imparcialidade está atrelada à relação que o julgador deve guardar em relação às partes, isto é, deve julgar livre de qualquer influência que possa sofrer para exarar sua

---

[279] DOMINGOS, Francisco Nicolau. Estrutura do Centro de Arbitragem Administrativa (CAAD): funcionamento, escolha dos árbitros e limites institucionais. *In*: PISCITELLI, Tathiane; MASCITTO, Andréa; MENDONÇA, Priscila Faricelli (coord.). *Arbitragem tributária*: desafios institucionais brasileiros e a experiência portuguesa. 2. ed. rev., atual. e ampl. São Paulo: Thomson Reuters Brasil, 2019. p. 69.

decisão. Já a independência garante ao árbitro que possa julgar sem qualquer pressão política, econômica, profissional ou moral.[280]

Do ponto de vista ético, Leonardo Giannetti[281] pontua ainda que, possivelmente, com a criação de um eventual procedimento arbitral em matéria tributária no Brasil, figurarão como árbitros ex-conselheiros de conselhos fiscais, bem como advogados públicos e outros servidores advindos da área fiscal, de modo que se torna necessário o estabelecimento de um período de quarentena a fim de evitar que haja a atuação de referidos agentes, por determinado prazo, com alguma parte com a qual já possuíam algum relacionamento.

Marcelo Ricardo Escobar[282] propõe interessante modelo para escolha dos árbitros, o qual denomina de "sistema elástico-pragmático-acadêmico escalonado aberto de escolha dos julgadores", segundo o qual a prática pode advir do exercício de cargos públicos e da advocacia e a experiência acadêmica se dá por meio da titulação. Assim, o sistema seria elástico porque permitiria que pessoas com titulação acadêmica de outras áreas pudessem atuar, mas, ao mesmo tempo, se contrairia com a exigência de que a experiência prática fosse em direito tributário. Acerca do escalonamento dos árbitros, o autor traz a seguinte proposta:

> Vislumbramos três hipóteses de atuação escalonada já refletindo as características propostas: *(i)* de menores valores, onde os requisitos seriam seis anos de comprovação prática tributária e pós-graduação *lato sensu*, nível especialização ou MBA; *(ii)* de valores intermediários, comprovando oito anos de atuação tributária e pós-graduação *stricto sensu*, nível mestrado; e *(iii)* de grandes montas, com comprovação de dez anos de experiência tributária e pós-graduação *stricto sensu*, nível doutorado.
>
> Os que se enquadrarem nesses requisitos deveriam constar em uma lista aberta, assim entendido o sistema que contenha as condições, mas

---

[280] GIANNETTI, Leonardo Varella. A composição do tribunal arbitral tributário: quem pode figurar como árbitro? *In*: PISCITELLI, Tathiane; MASCITTO, Andréa; MENDONÇA, Priscila Faricelli (coord.). *Arbitragem tributária*: desafios institucionais brasileiros e a experiência portuguesa. 2. ed. rev., atual. e ampl. São Paulo: Thomson Reuters Brasil, 2019. p. 149-151.

[281] GIANNETTI, Leonardo Varella. A composição do tribunal arbitral tributário: quem pode figurar como árbitro? *In*: PISCITELLI, Tathiane; MASCITTO, Andréa; MENDONÇA, Priscila Faricelli (coord.). *Arbitragem tributária*: desafios institucionais brasileiros e a experiência portuguesa. 2. ed. rev., atual. e ampl. São Paulo: Thomson Reuters Brasil, 2019. p. 154.

[282] ESCOBAR, Marcelo Ricardo. *Arbitragem tributária no Brasil*. São Paulo: Almedina, 2017. p. 242-246.

faculte a qualquer interessado a sua adesão através de preenchimento e comprovação dos requisitos cadastrais.[283]

Referido modelo, parecido com aquele utilizado em Portugal, embora com a especificidade da cumulação prática e acadêmica dos árbitros, se mostra bastante interessante para a realidade brasileira. A limitação de valores para todas as faixas, inclusive com um teto para a última faixa do escalonamento, é salutar para a instituição da arbitragem, posto que este mecanismo deve ser implementado aos poucos, haja vista a necessidade de precaução na proteção dos interesses envolvidos.

5.5 Matérias arbitráveis

As lides tributárias, com frequência, envolvem questões técnicas, demandando perícias em processos judiciais e administrativos, de modo que laudos contábeis e de engenharia costumam ser bastante utilizados para o desfecho das lides. Tal panorama demonstra que esse tipo de discussão pode ser muito bem conduzida nos processos arbitrais.

Nessa quadra, surge outra discussão que paira sobre a doutrina, que é acerca da abrangência do objeto submetido à arbitragem tributária, se somente "questões de fato" ou, também, as "questões de direito". Heleno Torres[284] defende que somente litígios afetos a questões materiais poderiam ser submetidos à arbitragem, pois as questões de direito ficariam adstritas às consultas.

Ocorre que o limite entre questões de fato e de direito não é tão límpido, pois "nova apreciação do fato implica novo critério jurídico que traz outra valoração jurídica do fato", de modo que "embora possa a avaliação fincar-se em critérios objetivos, a escolha de quais as características em cada caso, bem como o peso de cada aspecto indicam a subjetividade do processo".[285] Entretanto, para Schoueri, não se pode

---

[283] ESCOBAR, Marcelo Ricardo. *Arbitragem tributária no Brasil*. São Paulo: Almedina, 2017. p. 243-244.

[284] TORRES, Heleno Taveira. Transação, Arbitragem e Conciliação Judicial como medidas alternativas para resolução de conflitos entre administração e contribuintes: simplificação e eficiência administrativa. *Revista Fórum de Direito Tributário*, Belo Horizonte, v. 1 n. 2, p. 91-126, 2003. p. 86.

[285] SCHOUERI, Luís Eduardo. Ensaio para uma arbitragem tributária no Brasil. *In*: PISCITELLI, Tathiane; MASCITTO, Andréa; MENDONÇA, Priscila Faricelli (coord.). *Arbitragem tributária*: desafios institucionais brasileiros e a experiência portuguesa. 2. ed. rev., atual. e ampl. São Paulo: Thomson Reuters Brasil, 2019. p. 386.

concluir pela inexistência de questões realmente fáticas no lançamento, pois podem existir questões atinentes apenas à ocorrência ou não de determinado fato, bem como quem o praticou.[286]

Diante desse quadro complexo, a fim identificar a possibilidade de arbitragem para além de a questão ter fundo de fato ou de direito, o autor traz as seguintes ponderações. Primeiro, ao argumento de que o lançamento, enquanto resultado de arbitragem, não possa ser contrário à lei, Schoueri aponta a existência de uma vastidão de conceitos indeterminados na lei, o que, por via de consequência, leva à conclusão de que não existe uma única interpretação correta e, portanto, a escolha de qual seja a solução correta não afeta a legalidade, pois qualquer das soluções corretas lhe atenderá.[287]

Em sua linha de argumentação, prossegue o autor para responder à pergunta acerca de quem compete escolher qual a solução correta, sendo que no âmbito tributário propõe o compromisso arbitral, com a concordância do Fisco por meio de lei e o contribuinte optaria logo após a decisão do julgamento em primeira instância realizado pelo fisco.[288] Ou seja, inexiste, portanto, problema de legalidade, pois a decisão final é uma das várias possíveis por meio da lei e o contribuinte, por sua vez, não teve violado seu direito de acesso ao Poder Judiciário, já que pode escolher se vai ou não.

Nesse sentido, levando em conta que questões fáticas estão intrinsecamente ligadas a questões legais, já que a lei precisa ser constantemente interpretada, Priscila Faricelli de Mendonça oferece alguns exemplos:

> Determinada questão contábil que apure a validade ou não de lançamento fiscal esbarrará não apenas nas normas que regem os lançamentos fiscais e contábeis, mas também na qualificação jurídica do fato de forma a

---

[286] SCHOUERI, Luís Eduardo. Ensaio para uma arbitragem tributária no Brasil. *In:* PISCITELLI, Tathiane; MASCITTO, Andréa; MENDONÇA, Priscila Faricelli (coord.). *Arbitragem tributária:* desafios institucionais brasileiros e a experiência portuguesa. 2. ed. rev., atual. e ampl. São Paulo: Thomson Reuters Brasil, 2019. p. 386.

[287] SCHOUERI, Luís Eduardo. Ensaio para uma arbitragem tributária no Brasil. *In:* PISCITELLI, Tathiane; MASCITTO, Andréa; MENDONÇA, Priscila Faricelli (coord.). *Arbitragem tributária:* desafios institucionais brasileiros e a experiência portuguesa. 2. ed. rev., atual. e ampl. São Paulo: Thomson Reuters Brasil, 2019. p. 387.

[288] SCHOUERI, Luís Eduardo. Ensaio para uma arbitragem tributária no Brasil. *In:* PISCITELLI, Tathiane; MASCITTO, Andréa; MENDONÇA, Priscila Faricelli (coord.). *Arbitragem tributária:* desafios institucionais brasileiros e a experiência portuguesa. 2. ed. rev., atual. e ampl. São Paulo: Thomson Reuters Brasil, 2019. p. 388.

definir a maneira pela qual deverá estar reportado nos demonstrativos contábeis da pessoa jurídica.

O registro de crédito de PIS na sistemática não cumulativa, por exemplo, dependerá da análise do gasto respectivo, sua natureza e essencialidade frente à atividade da pessoa jurídica. Ou seja, será necessário conferir qualificação jurídica a determinado fato. No entanto, a análise não deixa de ser pontual e fática, na medida em que a essencialidade da despesa a justificar ou não o crédito de PIS dependerá do exame de todas as despesas da pessoa jurídica para, por exemplo, concluir-se por sua relevância ou prescindibilidade para o desenvolvimento da atividade negocial, o que daria ou não direito ao crédito. E em recente julgamento, o STJ já definiu que a prescindibilidade da despesa é o discrímen a validar, ou não, a tomada de crédito de PIS.[289]

Tais exemplos demonstram que, ainda que a análise fática esteja jungida a questões de direito, não há óbice para que a solução das lides se dê por meio de processo arbitral.

Já no que toca à declaração de *(i)* legalidade ou (in)constitucionalidade das normas tributárias, cremos que não poderá ser objeto de apreciação pelo árbitro, posto que tal julgamento poderia ensejar tributação não isonômica entre os contribuintes, inobstante a própria Constituição prever a possibilidade de tratamento diferenciado.[290] Com isso estamos a afirmar que uma lei não pode ser constitucional para um contribuinte e inconstitucional para outro, pois cabe exclusivamente ao STF a declaração de inconstitucionalidade de tratados, lei ou ato de governo local, nos termos do art. 102, III, da Constituição Federal.

5.6 Procedimento arbitral

5.6.1 Convenção de arbitragem

O instituto da arbitragem é baseado no princípio da autonomia da vontade, sendo estabelecido por meio de uma convenção de arbitragem,

---

[289] MENDONÇA, Priscila Faricelli de. Questões tributárias arbitráveis. *In*: PISCITELLI, Tathiane; MASCITTO, Andréa; MENDONÇA, Priscila Faricelli (coord.). *Arbitragem tributária*: desafios institucionais brasileiros e a experiência portuguesa. 2. ed. rev., atual. e ampl. São Paulo: Thomson Reuters Brasil, 2019. p. 241-242.

[290] MENDONÇA, Priscila Faricelli de. Questões tributárias arbitráveis. *In*: PISCITELLI, Tathiane; MASCITTO, Andréa; MENDONÇA, Priscila Faricelli (coord.). *Arbitragem tributária*: desafios institucionais brasileiros e a experiência portuguesa. 2. ed. rev., atual. e ampl. São Paulo: Thomson Reuters Brasil, 2019. p. 244.

que é gênero da qual são espécies a cláusula compromissória e o compromisso arbitral. A primeira (cláusula compromissória) é obrigação que as partes assumem em contrato ou a ele atinente de que eventuais conflitos que surgirem serão submetidos à arbitragem; já o compromisso arbitral refere-se à obrigação assumida pelas partes de submeter à arbitragem o conflito já existente.[291]

Em Portugal, foi estabelecido um decreto-lei prevendo os casos e tributos que poderão ser previamente aceitos pela Fazenda Pública para serem submetidos à arbitragem se o contribuinte tiver interesse. Cuida-se um direito potestativo dos contribuintes previsto no art. 124º da Lei nº 3-B/2010 (Lei do Orçamento do Estado para 2010), sendo que o Decreto-Lei 10/2011 estabeleceu que, nos casos submetidos à arbitragem, segundo as hipóteses previstas, a administração tributária se vincula à jurisdição dos tribunais arbitrais.[292]

Verifica-se, nesse modelo, que houve a compatibilização dos interesses com a preservação de autonomia da vontade, sendo apenas distintos os momentos de manifestação das partes acerca do interesse na submissão à arbitragem. Após a autorização legislativa criando o regime de arbitragem, a administração tributária, por meio de Ministros de Estado, prevê os casos possíveis de submissão e, a partir de então, os contribuintes possuem o direito de escolher a arbitragem.

Em matéria tributária, em razão de a relação jurídico-tributária advir da lei e não de contrato, dificilmente as partes firmarão uma cláusula compromissória a fim de submeter eventuais futuros litígios à arbitragem. O mais plausível, no direito tributário, seria o pacto de um compromisso arbitral, de modo que, por exemplo, a administração tributária, ao realizar a notificação do sujeito passivo acerca do lançamento, poderia sinalizar a possibilidade da convenção arbitral, respeitando, assim, a autonomia privada.[293]

---

[291] MUNIZ, Joaquim de Paiva. *Curso básico de direito arbitral:* teoria e prática. 3. ed. rev. e atual. Curitiba: Juruá, 2015. p. 81.

[292] GAMITO, Conceição; TRINDADE, Carla Castelo. A experiência portuguesa da arbitragem tributária: mudança do panorama das decisões em matéria de IVA. *In*: PISCITELLI, Tathiane; MASCITTO, Andréa; MENDONÇA, Priscila Faricelli (coord.). *Arbitragem tributária:* desafios institucionais brasileiros e a experiência portuguesa. 2. ed. rev., atual. e ampl. São Paulo: Thomson Reuters Brasil, 2019. p. 72-73.

[293] GIANNETTI, Leonardo Varella. *Arbitragem no direito tributário brasileiro:* possibilidade e procedimentos. 2017. Tese (Doutorado em Direito) – Faculdade Mineira de Direito, Pontifícia Universidade Católica de Minas Gerais, Belo Horizonte, 2017. p. 237.

5.6.2 Suspensão da exigibilidade do crédito tributário

No Brasil, questão de extrema relevância atine à suspensão da exigibilidade do crédito tributário quando houver a submissão da lide à arbitragem tal qual ocorre com a apresentação de defesa no processo administrativo tributário e na decisão judicial proferida em sede de liminar a antecipação de tutela.

Leonardo Varella Giannetti[294] apresenta três possíveis modelos de suspensão da exigibilidade do crédito no procedimento arbitral: *(i)* o primeiro modelo seria a suspensão da exigibilidade com o requerimento da instauração da arbitragem; *(ii)* o segundo modelo seria híbrido, com a suspensão provisória da exigibilidade do crédito tributário a partir do requerimento da instauração da arbitragem até que haja a apreciação do árbitro do pedido de suspensão e; *(iii)* o terceiro modelo seria aquele em o contribuinte buscaria o Poder Judiciário para a concessão da suspensão da exigibilidade do crédito até que houvesse a instauração da arbitragem.

Com efeito, a nosso ver, o segundo modelo é o que mais se coaduna com os objetivos perseguidos por meio da instituição da arbitragem em matéria tributária, haja vista que a suspensão da exigibilidade seria automática apenas pelo lapso necessário à apreciação do caso concreto pelo árbitro, garantindo maior transparência na condução dos processos, ao contrário do que ocorre no primeiro modelo, em que suspensão automática permaneceria até o final do processo arbitral. Por outro lado, o terceiro modelo, ao depender de uma medida judicial para a suspensão da exigibilidade, vai de encontro aos objetivos da arbitragem, que é justamente desafogar o sistema judiciário e conferir maior celeridade e eficiência na solução das lides tributárias.

Em relação à norma geral e abstrata prevendo a hipótese de suspensão da exigibilidade do crédito tributário, tal qual aduzido nos itens 4.4 e 5.10, as causas previstas no artigo 151 do CTN também não são taxativas[295] e a Constituição não exige lei complementar para o seu tratamento,[296] de modo que, por estar inserida no contexto processual

---

[294] GIANNETTI, Leonardo Varella. *Arbitragem no direito tributário brasileiro:* possibilidade e procedimentos. 2017. Tese (Doutorado em Direito) – Faculdade Mineira de Direito, Pontifícia Universidade Católica de Minas Gerais, Belo Horizonte, 2017. p. 260-261.

[295] CARRAZZA, Roque Antonio. *Curso de direito constitucional tributário.* 32. ed., rev. ampl. a atual. São Paulo: Malheiros, 2019. p. 816.

[296] ADI 2405/RS, Relator(a): Alexandre de Moraes, Tribunal Pleno, j. 20.09.2019, Processo eletrônico DJe-215, Divulg. 02.10.2019, Public. 03.10.2019.

5.6.3 Prazos e atos

O procedimento da arbitragem portuguesa se inicia com a solicitação por escrito do contribuinte ao presidente do CAAD, com prazo de 30 e 90 dias a partir dos seguintes atos: termos do prazo para pagamento voluntário das prestações tributárias legalmente notificadas ao contribuinte; notificação dos restantes actos tributários, mesmo quando não deem origem a qualquer liquidação; citação dos responsáveis subsidiários em processo de execução fiscal; formação da presunção de indeferimento tácito; notificação dos restantes actos que possam ser objecto de impugnação autônoma nos termos do Código; conhecimento dos actos lesivos dos interesses legalmente protegidos não abrangidos nas demais alíneas, conforme nº 1 e 2 do artigo 102 do CPPT.

Diante do pedido de constituição do tribunal arbitral, caberá ao Diretor-Geral dos Impostos, no prazo de 15 (quinze) dias, oferecer resposta com a possibilidade de solicitar a produção de prova adicional. Após, com a resposta, há uma primeira reunião com as partes a fim de definir o trâmite processual de acordo as peculiaridades da causa em questão, bem como conhecer das exceções e proferir decisões como matérias preliminares, correção das peças e a data da apresentação das alegações finais, bem como data da decisão final.

Com efeito, a estipulação de um prazo para que as partes possam requerer a constituição de um tribunal arbitral é medida que se coaduna com os objetivos perseguidos pelo instituto. Leonardo Varella Giannetti,[297] fazendo um paralelo com o prazo para o ajuizamento do mandado de segurança, propõe o prazo de 120 dias para que as partes possam optar pela submissão do litígio à arbitragem, contando-se tal prazo do recebimento do auto de infração, do despacho decisório que não homologar uma compensação ou da última decisão administrativa desfavorável ao sujeito passivo no curso de processo administrativo.

No entanto, não nos parece que tal prazo seja suficiente para atender os objetivos da arbitragem, haja vista que acabaria limitando

---

[297] GIANNETTI, Leonardo Varella. *Arbitragem no direito tributário brasileiro:* possibilidade e procedimentos. 2017. Tese (Doutorado em Direito) – Faculdade Mineira de Direito, Pontifícia Universidade Católica de Minas Gerais, Belo Horizonte, 2017. p. 237.

demasiadamente a utilização do instituto, seja por falta de zelo com prazos ou da burocracia inerente às questões afetas à Administração Pública. Assim, parece-nos que o prazo de 01 (um) ano é bastante razoável e, ainda, fazendo-se um cotejo com o artigo 169 do CTN,[298] tal prazo poderia ser prorrogado por até 02 (dois) anos.

No regime português, o prazo de duração máxima dos processos é de seis meses, prorrogável até o dobro, por períodos sucessivos de dois meses, desde que devidamente fundamentados. Tânia Carvalhais Pereira[299] noticia que o regime de arbitragem tributária tem conseguido garantir que seja proferida decisão final no prazo médio de quatro meses e meio após a constituição do Tribunal Arbitral, sendo que em casos mais complexos, no pior quadro, a decisão tem sido proferida em até um ano.

Outra questão assaz importante anotada por Tânia Carvalhais Pereira é que, em razão da celeridade na resposta e publicação das decisões, a arbitragem tem contribuído para a prevenção de eclosão de litígios, posto que tal dinamismo assegura a "contemporaneidade entre a legislação em vigor e a jurisprudência arbitral tributária, que recupera o seu papel de verdadeira fonte mediata de direito, com efeito a montante na atuação fiscal do Estado e dos contribuintes".[300]

Por essas razões, parece-nos salutar que a instituição da arbitragem no Brasil venha acompanhada de norma prevendo como prazo máximo para que seja proferida sentença aquele já experimentado em Portugal, que é de seis meses a contar do momento em que se inicia o processo, podendo ser prorrogado pelo prazo máximo de um ano.

---

[298] Art. 169. Prescreve em dois anos a ação anulatória da decisão administrativa que denegar a restituição.

[299] PEREIRA, Tânia Carvalhais. Arbitragem tributária em Portugal: subsídios para criação da arbitragem tributária no Brasil. *In:* PISCITELLI, Tathiane; MASCITTO, Andrea; FERNANDES, André Luiz Fonseca (coord.). *Arbitragem Tributária no Brasil e em Portugal*: visões do Grupo de Pesquisa "Métodos Alternativos de Resolução de Disputa em Matéria Tributária" do Núcleo de Direito Tributário da FGV Direito SP. São Paulo: Blucher, 2022. p. 190.

[300] PEREIRA, Tânia Carvalhais. Arbitragem tributária em Portugal: subsídios para criação da arbitragem tributária no Brasil. *In:* PISCITELLI, Tathiane; MASCITTO, Andrea; FERNANDES, André Luiz Fonseca (coord.). *Arbitragem Tributária no Brasil e em Portugal*: visões do Grupo de Pesquisa "Métodos Alternativos de Resolução de Disputa em Matéria Tributária" do Núcleo de Direito Tributário da FGV Direito SP. São Paulo: Blucher, 2022. p. 191.

5.7 Sentença arbitral

No regime de arbitragem português, em regra, as decisões arbitrais são irrecorríveis, com exceção de controle pelos seguintes tribunais: *(i)* Tribunal Central Administrativo Sul: ao qual cabe "Impugnação" da decisão arbitral em relação os aspectos formais, isto é, se a decisão está em conformidade com as normas processuais, de modo que não se recorre do mérito da decisão; *(ii)* Tribunal Constitucional: ao qual cabe recurso da decisão arbitral quando houver recusa de aplicação de alguma norma com fundamento em inconstitucionalidade ou quando o Tribunal arbitral houver aplicado qualquer norma cuja inconstitucionalidade tenha sido suscitada durante o processo; e *(iii)* Supremo Tribunal Administrativo: ao qual cabe recurso quando houver oposição quanto à mesma questão de direito na decisão proferida pelo Tribunal arbitral com acórdão proferido pelo Tribunal Central Administrativo ou pelo Supremo Tribunal Administrativo.[301]

O atual modelo brasileiro de arbitragem também adota um modelo com menos controle das decisões arbitrais, já que a sentença arbitral, assim que proferida, põe fim à arbitragem, nos termos do artigo 29[302] da Lei 9.307/96, não ficando sujeita a recurso ou homologação pelo Poder Judiciário, conforme o artigo 18,[303] do mesmo diploma legal.

Outrossim, o artigo 32[304] da Lei 9.307/96 prevê algumas hipóteses taxativas em que é possível à parte interessada requerer ao Poder Judiciário a anulação da sentença arbitral por questões formais, isto

---

[301] DOMINGOS, Francisco Nicolau. É possível limitar o direito ao recurso na arbitragem tributária? O RJAT e o recurso da decisão arbitral portuguesa. *In:* PISCITELLI, Tathiane; MASCITTO, Andrea; FERNANDES, André Luiz Fonseca (coord.). *Arbitragem Tributária no Brasil e em Portugal*: visões do Grupo de Pesquisa "Métodos Alternativos de Resolução de Disputa em Matéria Tributária" do Núcleo de Direito Tributário da FGV Direito SP. São Paulo: Blucher, 2022. p. 197-201.

[302] Art. 29. Proferida a sentença arbitral, dá-se por finda a arbitragem, devendo o árbitro, ou o presidente do tribunal arbitral, enviar cópia da decisão às partes, por via postal ou por outro meio qualquer de comunicação, mediante comprovação de recebimento, ou, ainda, entregando-a diretamente às partes, mediante recibo.

[303] Art. 18. O árbitro é juiz de fato e de direito, e a sentença que proferir não fica sujeita a recurso ou a homologação pelo Poder Judiciário.

[304] Art. 32. É nula a sentença arbitral se: I - for nula a convenção de arbitragem; II - emanou de quem não podia ser árbitro; III - não contiver os requisitos do art. 26 desta Lei; IV - for proferida fora dos limites da convenção de arbitragem; [...] VI - comprovado que foi proferida por prevaricação, concussão ou corrupção passiva; VII - proferida fora do prazo, respeitado o disposto no art. 12, inciso III, desta Lei; e VIII - forem desrespeitados os princípios de que trata o art. 21, § 2º, desta Lei.

é, o juiz não analisará o mérito da demanda, podendo, em algumas situações, determinar que seja proferida nova decisão.

Outra possibilidade de impugnação da sentença arbitral é no cumprimento de sentença, conforme as hipóteses elencadas no artigo 525, § 1º, do CPC,[305] que ocorrerá apenas no caso de cumprimento forçado da sentença arbitral, de modo que não se confunde com as hipóteses mencionadas anteriormente que atinem à ação de anulação.

Verifica-se, pois, que o regime legal previsto atualmente no Brasil busca dar eficiência e agilidade ao procedimento arbitral, muito próximo do regime de arbitragem tributária de Portugal mencionado anteriormente, com possibilidades restritas de impugnação, haja vista que eventual ampliação de hipóteses de recorribilidade da sentença arbitral vai de encontro aos objetivos perseguidos pela arbitragem tributária.

Acerca da irrecorribilidade das decisões arbitrais em Portugal, são válidas as ponderações de Francisco Nicolau Domingos:

> A irrecorribilidade, por via de regra, das decisões arbitrais não é inconstitucional, pois a utilização da arbitragem tributária envolve uma renúncia, ainda que limitada, ao direito à tutela jurisdicional efetiva, quando o legislador o consagra, como é disso exemplo o art. 25º do RJAT. Isto é, a renúncia a direitos fundamentais só é admissível quando o legislador o admita e para o concatenar (direito objeto de renúncia) com outro direito com a mesma dignidade. Ora, na arbitragem tributária é admissível limitar, em parte, o direito à tutela jurisdicional efetiva, na dimensão do direito ao recurso, para assegurar outra dimensão do mesmo direito, v.g., a obtenção de uma decisão jurisdicional em prazo razoável.[306]

---

[305] Art. 525. Transcorrido o prazo previsto no art. 523 sem o pagamento voluntário, inicia-se o prazo de 15 (quinze) dias para que o executado, independentemente de penhora ou nova intimação, apresente, nos próprios autos, sua impugnação. § 1º Na impugnação, o executado poderá alegar: I - falta ou nulidade da citação se, na fase de conhecimento, o processo correu à revelia; II - ilegitimidade de parte; III - inexequibilidade do título ou inexigibilidade da obrigação; IV - penhora incorreta ou avaliação errônea; V - excesso de execução ou cumulação indevida de execuções; VI - incompetência absoluta ou relativa do juízo da execução; VII - qualquer causa modificativa ou extintiva da obrigação, como pagamento, novação, compensação, transação ou prescrição, desde que supervenientes à sentença.

[306] DOMINGOS, Francisco Nicolau. É possível limitar o direito ao recurso na arbitragem tributária? O RJAT e o recurso da decisão arbitral portuguesa. *In:* PISCITELLI, Tathiane; MASCITTO, Andrea; FERNANDES, André Luiz Fonseca (coord.). *Arbitragem Tributária no Brasil e em Portugal:* visões do Grupo de Pesquisa "Métodos Alternativos de Resolução de Disputa em Matéria Tributária" do Núcleo de Direito Tributário da FGV Direito SP. São Paulo: Blucher, 2022. p. 203.

Assim, entendemos que a eventual instituição de arbitragem tributária no Brasil deve seguir o mesmo caminho que já vem sendo seguido tanto em Portugal quanto no próprio regime de arbitragem existente no Brasil, qual seja, de hipóteses restritas de recorribilidade das decisões arbitrais. Conforme já discorrido em outras passagens deste estudo, a falta de eficiência na condução de processos tributários e a ampla possibilidade de recursos perante o Poder Judiciário acaba gerando uma morosidade que, muitas vezes, se estende por décadas até que um processo seja concluído. A instituição da arbitragem pretende justamente funcionar na direção contrária ao que existe atualmente, de modo a oferecer uma decisão jurisdicional efetiva em prazo razoável, sendo que, para tanto, imprescindível a limitação das possibilidades de impugnação das decisões arbitrais.

CONCLUSÃO

A pós-modernidade trouxe consigo uma série de complexidades, sendo a ambivalência e a imprevisibilidade a tônica na denominada "sociedade de riscos", de modo que a busca por soluções acaba gerando novos problemas e ocasionando um vórtice de efeitos imprevisíveis. O direito tributário, portanto, está inserido dentro desse panorama e impregnado de conflitos advindos de sua própria tentativa de solucionar problemas, como o fazem, por exemplo, os conceitos jurídicos indeterminados, as presunções, ficções, substituições, atribuições liquidatórias dos contribuintes e, ainda, toda a dinâmica que envolve a tributação dentro de um país com proporções continentais e três níveis federativos.

As formas atualmente presentes para a solução dos conflitos tributários se revelam inefetivas, como atestam os números levantados pelo CNJ e pelas próprias administrações fazendárias, haja vista os milhões de processos administrativos e judiciais pendentes de solução por anos e, até mesmo, décadas. Tal quadro de inefetividade traz uma série de violações a direitos e princípios constitucionais, posto que, de um lado, os cidadãos ficam privados do acesso à justiça e, de outro, o Estado não promove uma adequada arrecadação dos tributos para o fim de dar cumprimento às exigências legais e constitucionais.

Dentro desse quadro, é imperioso que sejam buscados instrumentos capazes de contribuir para a melhoria da situação, sendo que os meios alternativos de solução de conflitos se apresentam como medidas eficazes, ainda que não venham a pôr fim no problema. Neste trabalho, diante da experiência portuguesa e dos movimentos legislativos que têm sido feitos no Brasil para sua instituição, optou-se pela abordagem da arbitragem, fazendo-se uma série de reflexões acerca de seu cabimento frente ao Sistema Constitucional Tributário, perpassando os princípios constitucionais relacionados e a disponibilidade do crédito tributário face à atividade vinculada exercida pelo fisco.

Com efeito, a Lei 9307/96, nos moldes como está instituída atualmente, não é suficiente para legitimar a utilização da arbitragem tributária, posto que dispõe acerca de direitos disponíveis e, a nosso ver, a utilização da arbitragem no direito tributário deve partir de uma disponibilidade relativa ou condicionada, isto é, por meio de certas formas e de acordo com determinadas circunstâncias previstas em lei poderá haver a submissão de lides tributárias à arbitragem, tal como ocorre com a previsão contida nos artigos art. 151, I e VI, 171 e 172 do CTN.

A arbitragem no direito tributário envolve discussão em torno de objeto assaz caro ao Estado e aos cidadãos, que é o crédito tributário, de modo que a sua instituição deve estar em consonância com o sistema jurídico, passando pelo filtro dos elementos que dão convergência e organicidade a todo o repertório normativo, isto é, os princípios jurídicos, que são os veículos normativos portadores dos valores presentes na sociedade.

A rigidez hierárquica do sistema jurídico impõe que as normas inferiores encontrem fundamento de validade nas normas jurídicas superiores, de modo que o sistema alcance unidade e relação de interdependência a partir das normas constitucionais.

Os princípios são mandamentos vinculantes e obrigatórios que devem ser observados de forma inexorável, impingindo seus comandos sobre todo o repertório do Direito, sendo que a violação a um princípio implica violação a todo o sistema jurídico, posto que os princípios são os alicerces desse sistema. No que tange à arbitragem tributária, podem ser apontados como princípios relacionados a praticabilidade, a eficiência, a legalidade, a igualdade, a segurança jurídica e a supremacia e a indisponibilidade do interesse público.

O princípio da praticabilidade implica a necessidade de utilização de meios e técnicas visando facilitar a execução das leis e, mais especificamente em relação à arbitragem, representa o interesse de que os contribuintes possuam meios mais simples e eficazes de defesa, e de que a Fazenda Pública possua meios também simples e eficazes para a exigência dos tributos. Assim, considerando a força normativa dos princípios constitucionais, a praticabilidade requer um estado ideal de coisas mais simples e eficaz quando confrontada com a inefetividade presente nos atuais métodos de solução das lides tributárias, de modo que a arbitragem se apresenta como um dos instrumentos que podem ajudar a concretizá-la.

O princípio da eficiência denota a necessidade de que haja a produção da maior quantidade de resultados com a menor utilização de recursos. É patente que a atual situação das vias tradicionais de resolução de conflitos não se coaduna com o estado ideal de coisas pretendido pelo princípio da eficiência, haja vista que nem o Poder Judiciário e nem as administrações fiscais atingem a finalidade dos processos com a utilização dos meios menos onerosos. No direito tributário, a arbitragem representa um forte instrumento de concretização da eficiência, já que possibilita que se aumentem os meios de efetividade de arrecadação dos tributos atualmente existentes sem que se criem novas formas de tributação.

O princípio da legalidade não se opõe à criação da arbitragem, haja vista que a própria lei precisa contemplar a existência do instituto, com a estipulação de que a decisão arbitral seja mais uma hipótese de extinção do crédito tributário. Nesse sentido, diante da alta intensidade de incidência do princípio federativo e da autonomia municipal, não cabe à lei complementar disciplinar a maneira como as pessoas políticas devem tratar de assuntos relativos à obrigação, lançamento, crédito, prescrição e decadência tributários, do que se infere que outras hipóteses de extinção do crédito tributário, como é o caso da decisão arbitral, podem ser veiculadas por meio de lei ordinária de cada pessoa política. Ocorre que o art. 22, I, da CF, prevê que compete à União legislar sobre Direito Processual, que é o caso da arbitragem. Assim, a nosso ver, a arbitragem deve ser instituída por meio de lei nacional prevendo como será o seu procedimento e, para aqueles entes federativos que concordarem com a submissão de suas lides à arbitragem, a previsão deve estar contida em legislação específica do ente.

O princípio da igualdade, no qual repousa a capacidade contributiva, embora aferido no momento da criação normativa – quando são alcançadas as manifestações de riqueza dos contribuintes – não é observado no momento de aplicação de execução das normas, posto que a inefetividade do Judiciário e do Executivo permite que milhares de contribuintes não paguem tributos por meio de processos administrativos e judiciais que se arrastam por anos até que os créditos estejam prescritos. O princípio da igualdade possui interação com a arbitragem na medida em que permite a inserção de mais um instrumento operando na fase arrecadatória e executiva do crédito, de modo a diminuir a injustiça fiscal, em que apenas determinados cidadãos com capacidade contributiva arcam com as despesas do Estado.

O princípio da segurança jurídica se mostra violado no âmbito dos três poderes: *(i)* diante do caos presente na maneira como o Legislativo edita suas leis, genéricas e vagas, ao arrepio dos interesses da sociedade; *(ii)* na maneira como o Executivo se imiscui na atividade legislativa, induzindo comportamentos e quebrando expectativas;

e *(iii)* no âmbito do Judiciário, nas revisões sedimentadas feitas, na ausência de tecnicidade de decisão dos conflitos e na falta de celeridade processual, esta última é gravemente afetada pelo alto congestionamento de executivos fiscais nos tribunais. Assim, a arbitragem, ao ser colocada como meio de resolução das lides tributárias, é um instrumento que auxilia no estado ideal de coisas pretendido pela segurança jurídica.

O princípio da indisponibilidade do interesse público é, geralmente, apresentado como um impedimento à utilização da arbitragem no direito tributário. Contudo, adotamos um critério condicionado ou limitado de disponibilidade, em que o crédito tributário está atrelado compulsoriamente e inafastavelmente a um vínculo de interesse. Assim, desde que de acordo com determinados parâmetros legais, lides envolvendo o crédito tributário podem ser submetidos à arbitragem, tal como ocorre com a previsão contida nos artigos art. 151, I e VI, 171 e 172 do CTN.

A obrigação tributária se perfaz quando uma situação descrita hipoteticamente – hipótese tributária – ocorre individual e concretamente no mundo fenomênico – fato tributário, de modo que o primeiro termo, hipótese tributária, indica a descrição legislativa de um acontecimento ou situação que poderá desencadear a obrigação tributária acaso ocorra factualmente, enquanto que o segundo termo, fato tributário, indica a possibilidade de irradiação dos efeitos de direito.

É inerente às normas jurídicas gerais e abstratas a ausência de materialização no fenômeno social, de modo que, para dar efetividade ao seu conteúdo, demandam a elaboração de sucessivas normas até que seja alcançada a concretude necessária para atingir as interações sociais. No direito tributário, é o lançamento que, enquanto ato administrativo, ocupa o papel de norma individual e concreta, formalizando a pretensão do sujeito ativo no laço obrigacional.

O artigo 156 do CTN apresenta as hipóteses de extinção da obrigação tributária, sendo que, sob a perspectiva do plano da literalidade, referido dispositivo possui dois critérios que enunciam as hipóteses de extinção da obrigação: um que aponta os eventos que permitirão a extinção da obrigação após devidamente inseridos no mundo jurídico por meio da linguagem competente (pagamento, compensação, remissão, prescrição, decadência, conversão do depósito em renda, pagamento antecipado, homologação do lançamento, consignação em pagamento e dação em pagamento); e outro que aponta os instrumentos linguísticos que poderão ser manejados para impingir juridicidade à extinção (decisão administrativa irrevogável, decisão judicial passada em julgado e a transação). Assim, para o direito positivo,

CONCLUSÃO | 171

não basta a ocorrência dos eventos extintivos no mundo fenomênico, havendo necessidade, também, de sua constituição como fato jurídico.

Sob tal perspectiva, portanto, a decisão proferida no âmbito da arbitragem seria mais um veículo introdutor das causas extintivas da obrigação tributária.

Demais disso, consignou-se que a arbitragem, enquanto veículo introdutor das causas extintivas, não importa em disponibilidade do crédito tributário, posto que estará havendo somente a escolha de outra via, que não as tradicionais (processo judicial e administrativo), para a solução do conflito.

Diante de sua natureza de ato administrativo, a norma individual e concreta de lançamento tributário pode ser modificada por outra norma individual e concreta ao final de um procedimento administrativo. Essa possibilidade de alteração das normas individuais e concretas está ligada ao poder de autotutela que a Administração possui, pois, acaso verificado que determinado lançamento não se subsome adequadamente à lei tributária, o lançamento será tido por defeituoso e, via de consequência, anulável.

A decisão proferida em arbitragem tributária realizada no âmbito administrativo, acaso instituída, também será norma individual e concreta, já que a sua inserção no sistema jurídico, com natureza de ato administrativo, terá o condão de substituir a norma individual e concreta anterior. Assim, a decisão de arbitragem seria irrecorrível para ambas as partes, sendo que, para a Administração Pública, teria natureza de autotutela e, para o contribuinte, teria natureza de decisão arbitral, já que teria renunciado ao Judiciário.

Com o objetivo de traçar alguns apontamentos para a construção de um eventual modelo de arbitragem a ser instituído no Brasil, notamos os principais caracteres: *(i)* o órgão arbitral, a nosso ver, deve ser instalado no âmbito administrativo, com a criação de órgãos específicos para a solução das lides nos diferentes níveis federativos; *(ii)* a escolha dos árbitros, tal qual ocorre no regime português de arbitragem, deve ser escalonada de acordo com o valor da causa e estabelecidos conforme critérios pragmáticos e acadêmicos, de modo que, quanto maior o valor da causa, maior o tempo de prática na matéria a titulação acadêmica exigida; *(iii)* no que atine às matérias arbitráveis, considerando que questões fáticas estão intrinsecamente ligadas a questões legais, já que a lei precisa ser constantemente interpretada, não nos parece que a arbitragem deve ficar restrita a questões materiais; *(iv)* em relação à convenção de arbitragem, em razão da relação jurídico-tributária advir da lei, o mais plausível, no direito tributário, seria o pacto de um compromisso arbitral, de modo a respeitar a autonomia privada; *(v)* a previsão do prazo máximo de seis meses para que seja proferida sentença, contados da instauração do procedimento arbitral, com a possibilidade de prorrogação máxima de um ano, parece atender aos anseios que objetivam a criação do instituto; *(iv)* a previsão de hipóteses restritas de recorribilidade das decisões arbitrais, embora limite o direito à tutela jurisdicional, atende a efetivação de outro direito que é a garantia de decisão jurisdicional efetiva em prazo razoável.

REFERÊNCIAS

ABBOUD, Georges; CARNIO, Henrique Garbellini; OLIVEIRA, Rafael Tomaz de. *Introdução ao direito:* teoria, filosofia e sociologia do direito. 5. ed. rev., atual. e ampl. São Paulo: Thomson Reuters Brasil, 2020.

ABREU, Claudio de; ABREU, Fabíola Carolina Lisboa Cammarota de; YUNES JUNIOR, Faissal. Decadência e prescrição: uma perspectiva atual da jurisprudência. *In:* LISBOA, Julcira Maria de Mello Vianna; ABROSIO, Claudia Cristina dos Santos (org.). *Extinção da obrigação tributária na teoria e na prática:* uma visão multidisciplinar. São Paulo: Quartier Latin, 2021.

ALEXY, Robert. *Teoria dos direitos fundamentais.* 2. ed. São Paulo: Malheiros, 2015.

ALMEIDA FILHO, Jorge Celso Fleming de. *Princípio da eficiência tributária:* contribuições para a construção de uma administração tributária mais eficiente no Brasil. 2013. Dissertação (Mestrado em Direito) – Faculdade de Direito, Universidade do Estado do Rio de Janeiro, Rio de Janeiro, 2013. Disponível em: http://www.bdtd.uerj.br/handle/1/9727. Acesso em: 05 jul. 2023.

AMARAL, Guilherme Rizzo. O controle dos precedentes na arbitragem tributária. *In:* PISCITELLI, Tathiane; MASCITTO, Andréa; MENDONÇA, Priscila Faricelli (coord.). *Arbitragem tributária:* desafios institucionais brasileiros e a experiência portuguesa. 2. ed. rev., atual. e ampl. São Paulo: Thomson Reuters Brasil, 2019.

AMARO, Luciano. *Direito tributário brasileiro.* 18. ed. São Paulo: Saraiva, 2012.

ARAGÃO, Alexandre Santos de. A arbitragem no Direito Administrativo. *Revista da AGU,* Brasília, DF, v. 16, n. 03, p.19-58, jul./set. 2017. Disponível em: http://www.mpsp.mp.br/portal/page/portal/documentacao_e_divulgacao/doc_biblioteca/bibli_servicos_produtos/bibli_boletim/bibli_bol_2006/Rev-AGU_v.16_n.03.pdf. Acesso em: 05 jul. 2023.

ASSOCIAÇÃO BRASILEIRA DE JURIMETRIA. Diagnóstico do contencioso tributário administrativo 2022. *Portal Gov.br,* Brasília, DF, 27 abr. 2022. Disponível em https://www.gov.br/receitafederal/pt-br/centrais-de-conteudo/publicacoes/estudos/diagnostico-do-contencioso-tributario-administrativo/relatorio-completo. Acesso em 09 maio 2022.

ATALIBA, Geraldo. *República e Constituição.* 2. ed. São Paulo: Malheiros, 1998.

ATALIBA, Geraldo. *República e Constituição.* 3 ed. São Paulo: Malheiros, 2011.

ATALIBA, Geraldo. *Sistema Constitucional Tributário Brasileiro.* São Paulo: Revista dos Tribunais, 1966.

ATALIBA, Geraldo. *Sistema Constitucional Tributário Brasileiro.* São Paulo: Editora RT, 1968.

ÁVILA, Humberto. Legalidade Tributária Multidimensional. *In:* FERRAZ, Sérgio (coord.). *Princípios e Limites da Tributação.* São Paulo: Quartier Latin, 2005.

ÁVILA, Humberto. Presunções e pautas fiscais frente à eficiência administrativa. *In:* ROCHA, Valdir de Oliveira (coord.). *Grandes questões atuais do Direito Tributário.* São Paulo: Dialética, 2005.

ÁVILA, Humberto. *Teoria da segurança jurídica.* 5. ed., rev., atual. e ampl. São Paulo: Malheiros, 2019.

ÁVILA, Humberto. *Teoria dos princípios:* da definição à aplicação dos princípios jurídicos. 18. ed. rev. e atual. São Paulo: Malheiros, 2018.

BALEEIRO, Aliomar. *Limitações constitucionais ao poder de tributar.* 8. ed. atualizada por Misabel de Abreu Machado Derzi. Rio de Janeiro: Forense, 2010.

BANDEIRA DE MELLO, Celso Antonio. *Curso de Direito Administrativo.* 32. ed. rev. e atual. São Paulo: Malheiros, 2014.

BARCELLOS, Ana Paula de. *A eficácia jurídica dos princípios constitucionais:* o princípio da dignidade da pessoa humana. 3. ed. rev. e atual. Rio de Janeiro: Renovar, 2011.

BARROSO, Luís Roberto. *Curso de direito constitucional contemporâneo:* os conceitos fundamentais e a construção do novo modelo. 9. ed. São Paulo: Saraiva, 2020.

BARROSO. Luís Roberto. *Interpretação e aplicação da Constituição:* fundamentos de uma dogmática constitucional transformadora. 7. ed. rev. São Paulo: Saraiva, 2009.

BECK, Ulrich. A reinvenção da política: rumo a uma teoria da modernização reflexiva. *In:* GIDDENS, Anthony; BECK, Ulrich; LASH, Scott. *Modernização reflexiva:* política, tradição e estética na ordem social moderna. Tradução: Magda Lopes. São Paulo: Unesp, 1997.

BERTOLANI, Lilian Elizabeth Menezes. Notas sobre a arbitrabilidade e sua evolução. *In:* FINKELSTEIN, Claudio (org.). *Arbitragem e direito:* estudos pós-graduados. São Paulo: D'Placido, 2021.

BINENBOJM, Gustavo. *Uma teoria do direito administrativo:* direitos fundamentais, democracia e constitucionalização. 3. ed. rev. e atual. Rio de Janeiro: Renovar, 2014.

BONIZZI, Marcelo. Arbitragem e estado: ensaio sobre o litígio adequado. *Revista de Arbitragem e Mediação,* São Paulo, v. 12, n. 45, p. 163-164, abr./jun. 2015. Disponível em: https://bdjur.stj.jus.br/jspui/handle/2011/94326. Acesso em: 05 jul. 2023.

BOSSA, Gisele Barra; VASCONCELLOS, Mônica Pereira Coelho de. Arbitragem tributária e a reconstrução do interesse público. *In:* PISCITELLI, Tathiane; MASCITTO, Andréa; MENDONÇA, Priscila Faricelli (coord). *Arbitragem tributária:* desafios institucionais brasileiros e a experiência portuguesa. 2. ed. rev., atual. e ampl. São Paulo: Thomson Reuters Brasil, 2019.

BRANCO, Mariana. Morosidade e desigualdade marcam contencioso administrativo fiscal. *Revista Jota,* Brasília, DF, 04 maio 2022. Disponível em: https://www.jota.info/tributos-e-empresas/tributario/morosidade-e-desigualdade-marcam-contencioso-administrativo-fiscal-04052022. Acesso em: 09 maio 2022.

CALIENDO, Paulo. *Curso de direito tributário.* 2. ed. São Paulo: Saraiva, 2019.

CALIENDO, Paulo. *Direito tributário e análise econômica do direito.* Rio de Janeiro: Elsevier, 2009.

CALSAMIGLIA, Albert. Eficiencia y derecho, *Doxa,* [s. l.], n. 4, 1987. Disponível em: http://hdl.handle.net/10045/10913. Acesso em: 05 jul. 2023.

CAMPOS, Gustavo Caldas Guimarães de. *Execução fiscal e efetividade:* análise do modelo brasileiro à luz do sistema português. São Paulo: Quartier Latin, 2009.

CANARIS, Claus-Wilhelm. *Pensamento Sistemático e Conceito de Sistema na Ciência do Direito.* 2. ed. Lisboa: Fundação Calouste Gulbenkian, 1996.

REFERÊNCIAS | 175

CANOTILHO, J. J. Gomes. *Direito Constitucional e Teoria da Constituição*. 2. ed. Coimbra: Almedina, 1998.

CARMONA, Carlos Alberto. *Arbitragem e processo*: um comentário à Lei nº 9.307/96. 3. ed. rev., atual. e ampl. São Paulo: Atlas, 2009.

CARRAZZA, Elizabeth Nazar. *IPTU e progressividade*: igualdade e capacidade contributiva. São Paulo: Quartier Latin, 2015.

CARRAZZA, Elizabeth Nazar; VIANNA, Julcira Maria de Melo; GALVÃO, Flávio Alberto Gonçalves. Remissão e anistia do crédito tributário: regime jurídico constitucional aplicável às obrigações e penalidades tributárias. *In:* LISBOA, Julcira Maria de Mello Vianna; ABROSIO, Claudia Cristina dos Santos (org.). *Extinção da obrigação tributária na teoria e na prática:* uma visão multidisciplinar. São Paulo: Quartier Latin, 2021.

CARRAZZA, Roque Antonio. *Curso de direito constitucional tributário*. 32. ed. rev., ampl. e atual. São Paulo: Malheiros, 2019.

CARRAZZA, Roque Antonio. *Reflexões sobre a obrigação tributária*. São Paulo: Noeses, 2010.

CARVALHO, Aurora Tomazini de. *Curso de teoria geral do direito*: o constructivismo lógico-semântico. 6.ed. rev. e atual. São Paulo: Noeses, 2019.

CARVALHO, Paulo de Barros. *Curso de direito tributário*. 30. ed. São Paulo: Saraiva, 2019.

CARVALHO, Paulo de Barros. *Direito tributário*: fundamentos jurídicos da incidência. 9. ed. rev. São Paulo: Saraiva, 2012.

CARVALHO, Paulo de Barros. *Direito tributário*: linguagem e método. 7. ed. rev. São Paulo: Noeses, 2018.

CASTELLS, Manuel. *A sociedade em rede*. São Paulo: Paz e Terra, 1999.

COELHO, Sacha Calmon Navarro. *Curso de direito tributário*. 17. ed. Rio de Janeiro: Forense, 2020.

COLOMA, Paula Vicente-Arche. *El arbitraje en ordenamento tributario espanõl:* una proposta. Barcelona: Marcal Pons, 2005.

CONRADO, Paulo Cesar. FERNANDES, André Luiz Fonseca. Impactos da transação (Lei n. 13988/2020) no exercício da jurisdição tributária. *In:* PARO, Giácomo; ESCOBAR, Marcelo Ricardo Wydra; PASQUALIN, Roberto (coord.). *Estudos de arbitragem e transação tributária*. São Paulo: Almedina, 2021.

CONRADO, Paulo Cesar. *Processo tributário*. 3. ed. São Paulo: Quartier Latin, 2012.

CONSELHO NACIONAL DE JUSTIÇA. *Relatório Justiça em Números 2021*. Brasília, DF: CNJ, 2021. Disponível em: https://www.cnj.jus.br/wp-content/uploads/2021/11/relatorio-justica-em-numeros2021-221121.pdf. Acesso em: 18 jan. 2022.

COSTA, Regina Helena. *Praticabilidade e justiça tributária*: exequibilidade da lei tributária e direitos do contribuinte. São Paulo: Malheiros, 2007.

CUNHA, Carlos Renato. *Praticabilidade tributária*: eficiência, segurança jurídica e igualdade sob uma perspectiva semiótica. 2019. Tese (Doutorado em Direito do Estado) – Faculdade de Direito, Universidade Federal do Paraná, Curitiba, 2019. Disponível em: https://acervodigital.ufpr.br/handle/1884/64181. Acesso em: 05 jul. 2023.

DACOMO, Natalia de Nardi. *Direito tributário participativo:* transação e arbitragem administrativas da obrigação tributária. São Paulo: Quartier Latin, 2009.

DI PIETRO, Maria Sylvia Zanella. *Direito administrativo*. 33. ed. Rio de Janeiro: Forense, 2020.

DIDIER JÚNIOR, Fredie; ZANETI JÚNIOR, Hermes. Justiça multiportas e tutela constitucional adequada: autocomposição em direitos coletivos. *In:* ZANETI JÚNIOR, Hermes; CABRAL, Trícia Navarro Xavier. *Justiça multiportas:* mediação, conciliação, arbitragem e outros meios de solução adequada para conflitos. Salvador: Juspodivm, 2016.

DOMINGOS, Francisco Nicolau. É possível limitar o direito ao recurso na arbitragem tributária? O RJAT e o recurso da decisão arbitral portuguesa. *In:* PISCITELLI, Tathiane; MASCITTO, Andrea; FERNANDES, André Luiz Fonseca (coord.). *Arbitragem Tributária no Brasil e em Portugal:* visões do Grupo de Pesquisa "Métodos Alternativos de Resolução de Disputa em Matéria Tributária" do Núcleo de Direito Tributário da FGV Direito SP. São Paulo: Blucher, 2022. DOI: https://doi.org/10.5151/9786555065176-22. Disponível em: https://bibliotecadigital.fgv.br/dspace/handle/10438/32441. Acesso em: 05 jul. 2023.

DOMINGOS, Francisco Nicolau. Estrutura do Centro de Arbitragem Administrativa (CAAD): funcionamento, escolha dos árbitros e limites institucionais. *In:* PISCITELLI, Tathiane; MASCITTO, Andréa; MENDONÇA, Priscila Faricelli (coord.). *Arbitragem tributária:* desafios institucionais brasileiros e a experiência portuguesa. 2. ed. rev., atual. e ampl. São Paulo: Thomson Reuters Brasil, 2019.

DWORKIN, Ronald. *Taking rights seriously*. London: Duckworth, 1991.

ENGISCH, Karl. *Introdução ao pensamento jurídico*. Tradução: J. Baptista Machado. 8. ed. Lisboa: Fundação Calouste Gulbenkian, 2001.

ESCOBAR, Marcelo Ricardo. *Arbitragem Tributária no Brasil*. São Paulo: Almedina, 2017.

ESCOBAR, Marcelo Ricardo. Viabilização da arbitragem tributária por ato administrativo. *In:* PARO, Giácomo; ESCOBAR, Marcelo Ricardo Wydra; PASQUALIN, Roberto (coord.). *Estudos de arbitragem e transação tributária*. São Paulo: Almedina, 2021.

ESSER, Josef. *Grundsatz un norm in der richterlichen fortbildung des privatrechts*. Tübingen: Mohr Siebeck, 1990.

FALCÓN Y TELLA, Ramón. El arbitraje tributario. *In:* PISARIK, Gabriel Elorriaga (coord.). *Convención y Arbitraje en el Derecho Tributario*. Madrid: Instituto de Estudios Fiscales, 1996.

FERRAGUT, Maria Rita. *Presunções no direito tributário*. 2. ed. São Paulo: Quartier Latin, 2005.

FILIPPO, Luciano Gomes. *A performance no direito tributário*. São Paulo: Almedina, 2016.

FINKELSTEIN, Claudio. Lei modelo de arbitragem da UNCITRAL e lei brasileira de arbitragem: uma análise comparativa. *In:* FINKELSTEIN, Claudio (org.). *Arbitragem e direito:* estudos pós-graduados. São Paulo: D'Placido, 2021.

GAMITO, Conceição; TRINDADE, Carla Castelo. A experiência portuguesa da arbitragem tributária: mudança do panorama das decisões em matéria de IVA. *In:* PISCITELLI, Tathiane; MASCITTO, Andréa; MENDONÇA, Priscila Faricelli (coord.). *Arbitragem tributária:* desafios institucionais brasileiros e a experiência portuguesa. 2. ed. rev., atual. e ampl. São Paulo: Thomson Reuters Brasil, 2019.

GIANNETTI, Leonardo Varella. A composição do tribunal arbitral tributário: quem pode figurar como árbitro? *In:* PISCITELLI, Tathiane; MASCITTO, Andréa; MENDONÇA, Priscila Faricelli (coord.). *Arbitragem tributária:* desafios institucionais brasileiros e a experiência portuguesa. 2. ed. rev., atual. e ampl. São Paulo: Thomson Reuters Brasil, 2019.

GIANNETTI, Leonardo Varella. *Arbitragem no direito tributário brasileiro:* possibilidade e procedimentos. 2017. Tese (Doutorado em Direito) – Faculdade Mineira de Direito,

REFERÊNCIAS | 177

Pontifícia Universidade Católica de Minas Gerais, Belo Horizonte, 2017. Disponível em: http://www.biblioteca.pucminas.br/teses/Direito_GiannettiLVa_1.pdf. Acesso em: 05 jul. 2023.

GIDDENS, Anthony. Risco, confiança e reflexividade. GIDDENS, Anthony; BECK, Ulrich; LASH, Scott. *Modernização reflexiva:* política, tradição e estética na ordem social moderna. Tradução: Magda Lopes. São Paulo: Unesp, 1997.

GRAU, Eros Roberto. *A ordem econômica na Constituição de 1988.* 12. ed. São Paulo: Malheiros, 2007.

GRAU, Eros Roberto. Arbitragem e contrato administrativo. *Revista da Faculdade de Direito da Universidade Federal do Rio Grande do Sul,* Porto Alegre, v. 21, mar. 2002. DOI: https://doi.org/10.22456/0104-6594.72370. Disponível em: https://seer.ufrgs.br/index.php/revfacdir/issue/view/3104. Acesso em: 05 jul. 2023.

GRAU, Eros Roberto. *Ensaio e discurso sobre a interpretação/aplicação do direito.* 4. ed. São Paulo: Malheiros, 2006.

GRECO, Marco Aurélio. Solidariedade Social e Tributação. *In:* GRECO, Marco Aurélio; GODOI, Marciano Seabra (coord.). *Solidariedade Social e Tributação.* São Paulo: Dialética, 2005.

GRUPENMACHER, Betina Treiger. Arbitragem e transação em matéria tributária. *In:* PISCITELLI, Tathiane; MASCITTO, Andréa; MENDONÇA, Priscila Faricelli (coord.). *Arbitragem tributária:* desafios institucionais brasileiros e a experiência portuguesa. 2. ed. rev., atual. e ampl. São Paulo: Thomson Reuters Brasil, 2019.

HORVATH, Estevão. *Lançamento tributário e "autolançamento".* 2. ed. rev. e ampl. São Paulo: Quartier Latin, 2010.

HORVATH, Estevão. *O princípio do não-confisco no direito tributário.* São Paulo: Dialética, 2002.

JUSTEN FILHO, Marçal. *Curso de direito administrativo.* 10. ed. rev., atual. e ampl. São Paulo: Revista dos Tribunais, 2014.

KANT, Imannuel. *Crítica da razão prática.* Tradução e prefácio: Afonso Bertagnoli. São Paulo: Edições e Publicações Brasil Editora, 1959.

LA CÁMARA, Pablo Chico de; POYATO, Isabel Espejo; NOVOA, Cesar García; MICO, Juan Gonzalo Martínez; VALDÉS, José Andrés Rozas; ACITORES, Antonio Serrano. *Una propuesta para la implementación de medidas alternativas de solución de conflictos (ADR) en el Sistema Tributario Español con especial referencia al arbitraje.* Madrid: ePraxis, 2015. Disponível em: https://static.fundacionic.com/2015/03/22115323/una-propuesta-para-la-implementacion-de-medidas-alternativas-de-solucion-de-conflictos-adr-en-el-sistema-tributario-espanol-con-especial-referencia-al-arbitraje.pdf. Acesso em: 05 jul. 2023.

LARENZ, Karl. *Metodología de la Ciencia del Derecho.* Barcelona: Ariel Derecho, 1994.

LEE, João Bosco. O conceito de arbitrabilidade nos países do Mercosul. *Revista de Direito Bancário e do Mercado de Capitais,* São Paulo, ano 2, n. 8, abr./jun. 2000.

LIMA, Bernardo. *A arbitrabilidade do dano ambiental.* São Paulo: Atlas, 2010.

LISBOA, Julcira Maria de Mello Vianna; ABROSIO, Claudia Cristina dos Santos; GRIPP, Mateus de Muzio; STRUPENI, Yvone. A decisão judicial passada em julgado como instrumento de extinção do crédito tributário: considerações atuais. *In:* LISBOA, Julcira Maria de Mello Vianna; ABROSIO, Claudia Cristina dos Santos (org.). *Extinção da obrigação tributária na teoria e na prática:* uma visão multidisciplinar. São Paulo: Quartier Latin, 2021.

LUHMANN, Niklas. *El derecho de la sociedad*. México, DF: Inuversidad Ibero Americana, 2002. Colección Teoría Social.

MASCITTO, Andrea. Requisitos institucionais para a arbitragem entre fisco e contribuintes no Brasil: necessidade de norma geral. *In*: PISCITELLI, Tathiane; MASCITTO, Andréa; MENDONÇA, Priscila Faricelli (coord.). *Arbitragem tributária*: desafios institucionais brasileiros e a experiência portuguesa. 2. ed. rev., atual. e ampl. São Paulo: Thomson Reuters Brasil, 2019.

MEDAUAR, Odete. *Direito administrativo moderno*. 21. ed. Belo Horizonte: Fórum, 2018.

MELO, Fabio Soares de. *Processo administrativo tributário*: princípios, vícios e efeitos jurídicos. 2. ed., rev. e atual. Porto Alegre: Livraria do Advogado, 2018.

MENDONÇA, Priscila Faricelli de. Questões tributárias arbitráveis. *In*: PISCITELLI, Tathiane; MASCITTO, Andréa; MENDONÇA, Priscila Faricelli (coord.). *Arbitragem tributária*: desafios institucionais brasileiros e a experiência portuguesa. 2. ed. rev., atual. e ampl. São Paulo: Thomson Reuters Brasil, 2019.

MENDONÇA, Priscila Faricelli de. *Transação e arbitragem nas controvérsias tributárias*. 2013. Dissertação (Mestrado em Direito Processual) – Faculdade de Direito, Universidade de São Paulo, São Paulo, 2013. Disponível em: https://www.teses.usp.br/teses/disponiveis/2/2137/tde-12022014-135619. Acesso em: 05 jul. 2023.

MENGARDO, Barbara. Estoque do Carf chega a R$ 1 trilhão em janeiro. *Revista Jota*, Brasília, DF, 17 mar. 2022. Disponível em: https://www.jota.info/tributos-e-empresas/tributario/estoque-do-carf-chega-a-r-1-trilhao-em-janeiro-17032022. Acesso em: 09 maio 2022.

MIRANDA, Pontes de. *O problema fundamental do conhecimento*. 2. ed. Rio de Janeiro: Editor Borsoi, 1972.

MOLINA, P. M. Herrera. *Capacidad económica y sistema fiscal*. Madrid: Marcial Pons, 1998.

MOSCHETTI, Francesco. Profili General. *In:* MOSCHETTI, Francesco (org.). *La capacità contributiva*. Padova: CEDAM, 1998.

MUNIZ, Joaquim de Paiva. *Curso básico de direito arbitral*: teoria e prática. 3. ed. rev. e atual. Curitiba: Juruá, 2015.

NABAIS, José Casalta. Reflexão sobre a introdução da arbitragem tributária. *Sinprofaz Notícias*, [s. l.], 3 out. 2011. Disponível em: https://www.sinprofaz.org.br/artigos/reflexao-sobre-a-introducao-da-arbitragem-tributaria1. Acesso em: 02 fev. 2022.

OLIVEIRA, Bruno Bastos de. *Arbitragem tributária*: gatilho para racionalização do contencioso fiscal e a consequente promoção do desenvolvimento econômico nacional. 2018. Tese (Doutorado em Ciências Jurídicas) – Faculdade de Direito, Universidade Federal da Paraíba, João Pessoa, 2018. Disponível em: https://repositorio.ufpb.br/jspui/handle/123456789/15001. Acesso em: 05 jul. 2023.

OLIVEIRA, Gustavo Justino de; EID, Elie Pierre; FIGUEIROA, Caio Cesar. Arbitragem com o Poder Público no Brasil: ondas evolutivas e prospecção. *Migalhas*, [s. l.], 15 set. 2015. Disponível em: https://www.migalhas.com.br/depeso/226858/arbitragem-com-o-poder-publico-no-brasil--ondas-evolutivas-e-prospeccao. Acesso em: 10 maio 2022.

OLIVEIRA, Rafael Carvalho Rezende de. A arbitragem nos contratos da Administração Pública e a Lei nº 13.129/2015: novos desafios. *Revista Brasileira de Direito Público*, Belo Horizonte, ano 13, n. 51. p. 59-79, out./dez. 2015.

PAULA, Daniel Giotti de. *A praticabilidade no direito tributário*: controle jurídico da complexidade. Rio de Janeiro: Ágora 21, 2018.

REFERÊNCIAS | 179

PEREIRA, Tânia Carvalhais. Arbitragem tributária em Portugal: subsídios para criação da arbitragem tributária no Brasil. *In:* PISCITELLI, Tathiane; MASCITTO, Andrea; FERNANDES, André Luiz Fonseca (coord.). *Arbitragem Tributária no Brasil e em Portugal:* visões do Grupo de Pesquisa "Métodos Alternativos de Resolução de Disputa em Matéria Tributária" do Núcleo de Direito Tributário da FGV Direito SP. São Paulo: Blucher, 2022. DOI: https://doi.org/10.5151/9786555065176-21. Disponível em: https://bibliotecadigital. fgv.br/dspace/handle/10438/32441. Acesso em: 05 jul. 2023.

PISCITELLI, Thatiane. Arbitragem no direito tributário: uma demanda do Estado Democrático de Direito. *In:* PISCITELLI, Tathiane; MASCITTO, Andréa; MENDONÇA, Priscila Faricelli (coord.). *Arbitragem tributária:* desafios institucionais brasileiros e a experiência portuguesa. 2. ed. rev., atual. e ampl. São Paulo: Thomson Reuters Brasil, 2019.

RAWLS, John. *Uma teoria da justiça.* São Paulo: Martins Fontes, 2008.

REALE, Miguel. *Introdução à filosofia.* 3. ed. São Paulo: Saraiva, 1994.

REALE, Miguel. *O direito como experiência.* São Paulo: Saraiva, 1968.

ROCHA, Sergio André. *Estudos de direito tributário:* teoria geral, processo tributário, fim do RTT e tributação internacional. Rio de Janeiro: Lumen Juris, 2015.

ROCHA, Sergio André. *Processo Administrativo Fiscal:* controle administrativo do Lançamento Tributário. 2. ed. Rio de Janeiro: Lumen Juris, 2007.

ROCHA, Sérgio André. *Tributação internacional.* São Paulo: Quartier Latin, 2013.

ROTHENBURG, Walter Claudius. *Princípios constitucionais.* 2. ed. Porto Alegre: Sergio Antonio Fabris Editor, 2003.

SALLES, Carlos Alberto de. A indisponibilidade e a solução consensual de controvérsias. *In:* GABBAY, Daniela Monteiro; TAKAHASHI, Bruno. *Justiça Federal:* inovações nos mecanismos consensuais de solução de conflitos. Brasília: Gazeta Jurídica, 2014.

SCHOUERI, Luís Eduardo. Arbitragem no Direito Tributário Internacional. *Revista Direito Tributário Atual,* São Paulo, n. 23, p. 302-320, 2009. Disponível em: https://revista.ibdt.org. br/index.php/RDTA/article/view/1620. Acesso em: 05 ju. 2023.

SCHOUERI, Luis Eduardo. *Direito tributário.* São Paulo: Saraiva, 2019.

SCHOUERI, Luís Eduardo. Ensaio para uma arbitragem tributária no Brasil. *In:* PISCITELLI, Tathiane; MASCITTO, Andréa; MENDONÇA, Priscila Faricelli (coord.). *Arbitragem tributária:* desafios institucionais brasileiros e a experiência portuguesa. 2. ed. rev., atual. e ampl. São Paulo: Thomson Reuters Brasil, 2019.

SCHOUERI, Luís Eduardo. *Normas tributárias indutoras e intervenção econômica.* Rio de Janeiro: Forense, 2005.

SIMÕES, Braulio Bata. *Execução fiscal e dignidade da pessoa humana.* Belo Horizonte: Fórum, 2015.

SMITH, Adam. *A riqueza das nações.* Tradução: Alexandre Amaral Rodrigues e Eunice Ostrensky. São Paulo: WMF Martins Fontes, v. II, lv. V, cap. II, 2013.

STRECK, Lenio Luiz. Os limites semânticos e sua importância na e para a democracia. *Revista da Ajuris,* Porto Alegre, v. 41, n. 135, p. 173-187, set. 2014. Disponível em: http://ajuris.kinghost.net/OJS2/index.php/REVAJURIS/article/viewFile/333/268. Acesso em: 10 maio 2022.

SUNDFELD, Carlos Ari; CÂMARA, Jacintho Arruda. O Cabimento da Arbitragem nos Contratos Administrativos. *Revista de Direito Administrativo*, [s. l.], n. 248, p. 117-126, 2008. DOI: https://doi.org/10.12660/rda.v248.2008.41529. Disponível em: https://bibliotecadigital.fgv.br/ojs/index.php/rda/article/view/41529. Acesso em: 05 jul. 2023.

TAVARES, Gustavo Perez. A morosidade do poder judiciário na resolução de conflitos em matéria tributária como fator de insegurança do sistema constitucional tributário. *Revista Direito Tributário Atual*, São Paulo, v. 35, p. 169-194, 2016. Disponível em: https://revista.ibdt.org.br/index.php/RDTA/article/view/201. Acesso em: 05 jul. 2023.

TEIXEIRA, Daniel Alves. *Praticidade no Direito Tributário:* fundamento e controle. 2015. Dissertação (Mestrado em Direito) – Faculdade de Direito, Universidade do Estado do Rio de Janeiro, Rio de Janeiro, 2015. Disponível em: http://www.bdtd.uerj.br/handle/1/9698. Acesso em: 05 jul. 2023.

TORRES, Heleno Taveira. *Direito constitucional tributário e segurança jurídica:* metódica da segurança jurídica do sistema constitucional tributário. 3. ed. rev., atual. e ampl. São Paulo: Thomson Reuters Brasil, 2019.

TORRES, Heleno Taveira. *Novas medidas de recuperação de dívidas tributárias. Consultor Jurídico*, [s. l.], 17 jul. 2013. Disponível em: https://www.conjur.com.br/2013-jul-17/consultor-tributario-novas-medidas-recuperacao-dividas-tributarias. Acesso em: 20 out. 2021.

TORRES, Heleno Taveira. Transação, Arbitragem e Conciliação Judicial como medidas alternativas para resolução de conflitos entre administração e contribuintes: simplificação e eficiência administrativa. *Revista Fórum de Direito Tributário*, Belo Horizonte, v. 1 n. 2, p. 91-126, 2003. Disponível em: http://bdjur.stj.jus.br/dspace/handle/2011/29493. Acesso em: 05 jul. 2023.

TORRES, Ricardo Lobo. Princípio da eficiência. *In*: TORRES, Ricardo Lobo; KATAOKA, Eduardo Takeme; GALDINO, Flavio (org.). *Dicionário de Princípios Jurídicos*. Rio de Janeiro: Campus, 2011. p. 401.

TORRES, Ricardo Lobo. *Tratado de direito constitucional financeiro e tributário:* valores e princípios constitucionais tributários. 2. ed. Rio de Janeiro: Renovar, 2014.

TORRES, Ricardo Lobo; KATAOKA, Eduardo Takeme; GALDINO, Flavio (org.). *Dicionário de Princípios Jurídicos*. Rio de Janeiro: Campus, 2011.

VILANOVA, Lourival. *Sobre o conceito de direito:* escritos jurídicos e filosóficos. São Paulo: Axis Mundi, 2003.

XAVIER, Alberto. *Os princípios da legalidade e da tipicidade da tributação*. São Paulo: Revista dos Tribunais, 1978.

Esta obra foi composta em fonte Palatino Linotype, corpo 10 e impressa em papel Pólen Bold 70g (miolo) e Supremo 250g (capa) pela Artes Gráficas Formato, em Belo Horizonte/MG.